LE BRUIT
DE LA MAIN GAUCHE

CHARLES SALZMANN

LE BRUIT DE LA MAIN GAUCHE

30 ans d'amitié et de confidences politiques avec François Mitterrand

ROBERT LAFFONT

À Karlfried von Durkheim
qui m'a fait le don de ce

Koan Zen :

« Quel est le bruit que fait
la main gauche ? »

PRÉAMBULE

Quel est le sens de la vie ? Est-ce simplement d'exister ? Est-ce d'être lié à l'Histoire ? Et l'Histoire, elle-même, a-t-elle un sens ou, au contraire, est-elle comme l'écrit Shakespeare « A tale told by an idiot, full of sound and fury, signifying nothing » ? Pour moi, le fil de la vie s'est tissé dans la trame de l'Histoire. J'ai toujours eu le sentiment d'une bienveillance qui — tel un léger vent dessinant un chemin dans les folles avoines — arrangerait les événements de mon existence, à première vue dus seulement au hasard.

Dans la vie privée, la femme que l'on épousera est rencontrée par hasard dans le couloir d'un train. À quelques instants près, en plus ou en moins dans les deux itinéraires, la rencontre n'aurait pas eu lieu, et deux enfants ne seraient pas nés. Combien de modifications auraient alors été introduites dans les destins d'une multitude d'êtres et d'événements auxquels ces deux-là seront mêlés par la suite !

Le hasard a aussi conduit mon insertion dans la vie collective. Tel copain d'adolescence deviendra quinze ans plus tard l'ami d'un homme politique et prendra l'initiative de vous le faire rencontrer.

Quinze ans s'écouleront encore, et celui-là, devenu président de la République, et qu'on a aidé à le devenir, vous place à la périphérie du pouvoir. L'influence que j'ai pu dès lors exercer ne fut pas plus visible qu'un simple fil dans le canevas d'une tapisserie. Et pourtant, au soir de ma vie, il m'importe de me souvenir de mes pensées à des moments cruciaux et de discerner la part du destin dans ces agencements. Il me semble, en effet, que si l'on prend conscience des événements dont une vie est tissée, la parole du Bouddha sur les myriades d'enchaînements des causes et des effets vous emplit d'émerveillement et de frayeur. Je vais donc essayer ici, en utilisant les notes prises à l'occasion de chaque événement important, de faire surgir de ma mémoire souvenirs et réflexions, avec la plus grande humilité, en cernant la réalité sans aucune censure — ni celle de la pudeur, ni celle de la raison. Alors seulement, peut-être, le sens pourrait se dessiner, ce doux frémissement du sens dont il est dit qu'il accompagne le bruit de la main gauche.

Je me suis constamment posé la question : Comment se fait l'Histoire ? Juste avant l'instant de l'événement, de la décision, de l'action, l'Histoire est située à ras d'homme, lorsqu'elle prend forme parmi de multiples possibilités. Tout de suite après, elle est constituée, unique, irréversible et transcendante.

Comment des individus, en un instant, deviennent-ils ainsi aiguillages du destin ? Longtemps, je me suis demandé : Comment ça marche ? Pourquoi et comment a-t-on fait ces choix-là ? Et ces hommes, comment furent-ils choisis pour diriger ? Pourquoi celui-ci et pas un autre ? Qu'est-ce qui a fait qu'une décision majeure ait été prise dans tel sens plutôt qu'à l'inverse ? En 1938, à Munich, la paix et non la guerre ? Pourquoi était-ce Édouard Daladier ? Que lui est-il passé par la tête ? Quel avis a-t-il reçu de son entourage ? En 1940, comme s'est-il fait que Neville Chamberlain ait recommandé, à l'encontre de son propre désir, Winston Churchill pour lui succéder et non lord Halifax ? C'est à Churchill qu'incomba le rôle prestigieux et salvateur de conduire la guerre contre Hitler. Le destin du monde en a été changé.

Après un quart de siècle passé auprès de François Mitterrand, dont huit ans au cœur de l'Élysée, je ne connais toujours pas les réponses. Cependant, je m'en suis un peu approché. J'ai perçu des mécanismes de la genèse de certaines décisions lourdes. J'en ferai l'exposé à l'occasion des événements relatés. Ainsi, le choix de la rigueur économique, la fermeté face aux SS20 soviétiques, la construction de l'Europe et l'unification allemande, la politique du franc fort, la participation à la guerre du Golfe, l'écroulement de l'empire soviétique. Je ferai aussi le récit des indécisions qui furent pour moi des désappointements : la non-déclaration de guerre au chômage, l'abandon de la France unie, la non-dissolution de l'Assemblée nationale à l'issue de la guerre du Golfe.

Ce livre n'est pas l'œuvre d'un historien, mais d'un témoin. Je ne prétends pas établir la vérité sur les événements politiques auxquels je fus mêlé, mais simplement les écrire comme je les ai vécus et dire ce que j'en pensais à l'époque. N'ayant assisté qu'à certains épisodes, et afin de les rendre intelligibles au lecteur, j'ai parfois puisé dans quelques livres excellents[1], écrits sur cette période. Ces emprunts figurent en italiques et les références sont chaque fois précisées. Je n'ai reproduit ici que les lettres et notes écrites par moi ou bien qui m'étaient adressées.

Dans l'esprit de ce livre de témoignage et de réflexion, le lecteur doit connaître celui qui l'a écrit. Aussi, je serai conduit, ce qui ne m'est pas coutumier, à parler de moi à plusieurs reprises, de mon enfance, de ma vie professionnelle, de mes idées et de mes espérances.

---

1. Pour l'essentiel, ceux de Josette Alia et Christine Clerc, Philippe Bauchard, Pierre Favier et Michel Martin-Rolland, Franz-Olivier Giesbert, Serge July. Voir la bibliographie à la fin du livre.

1

MITTERRAND, LA RUSSIE ET LE COMMUNISME AVANT LA CAMPAGNE PRÉSIDENTIELLE DE 1981

Enfance en France – La rencontre avec François Mitterrand – François Mitterrand et les communistes – Le voyage en URSS du 14 au 21 avril 1975 – Les entretiens – Moscou : le tête-à-tête Brejnev-Mitterrand – Oulianovsk, ville natale de Lénine – Tachkent.

Tout au long de ces années au cours desquelles j'ai été proche de François Mitterrand et depuis le premier jour de notre rencontre, question russe et communisme ont été présents dans nos discussions. La question russe est prise ici au sens que les historiens donnent au mot « question » (question d'Orient, question des Balkans), et plus précisément des rapports entre la France et la nation russe. J'ai été témoin des prodigieux bouleversements qui se sont accomplis au cours de cette période, commencée — pour moi — à l'ère Brejnev où l'URSS était au maximum de sa puissance et terminée avec la chute de Gorbatchev et l'effondrement de la structure soviétique. Ces rapports ne se sont pas déroulés en vase clos, mais ont tenu compte en permanence de la relation franco-allemande, de l'Europe en train de se faire, de la dialectique alliance-rivalité avec les États-Unis et enfin des échanges économiques internationaux.

Cette problématique était liée à celle du communisme, dont je pensais à l'époque qu'elle constituait, depuis la fin de la Seconde Guerre mondiale, une grave menace, pour la France, pour une Europe menacée de finlandisation ainsi que pour toute la planète, où il menait un combat multiforme, messianique et permanent contre toutes les structures capitalistes.

Cette longue histoire a deux parties, avant et après la campagne présidentielle de 1981. Le présent chapitre traite d'avant l'élection de François Mitterrand. Pour des raisons de continuité chronologique, la suite en sera racontée au chapitre 4.

Mais, au préalable, il faut me situer dans cette histoire à laquelle j'ai participé, car il n'a pas été indifférent que je sois fils d'émigrés russes. De ce fait, j'étais viscéralement hostile aux Soviets. En revanche, comme patriote qui eut à subir la défaite et l'Occupation et qui vit périr tant de ses frères dont nombre furent arrêtés et livrés par la police de Vichy, je pensais que les armées rouges combattaient aussi pour moi. Stalingrad fut également ma victoire et la prise de Berlin ma joie.

Enfance en France

Fils d'émigrés russes[1] chassés de chez eux par la Révolution bolchevique et la guerre civile qui s'ensuivit, j'étais né en France. D'après la loi de la République, j'étais français par simple déclaration de naissance[2].

Mes parents étaient venus se réfugier en France

1. Mon père Nathan Salzmann, ma mère Raya Vargaftig.
2. C'est ce qu'on appelle le « droit du sol », droit aujourd'hui contesté par ceux qui voudraient faire retour à une archaïque « loi du sang ».

plutôt qu'ailleurs. Ils avaient été, du fond de leur Russie natale, éperdument amoureux de la France, patrie des Droits de l'homme, amoureux de ses écrivains, poètes, peintres, de ses lumières. Mais, comme ils parlaient le français avec accent, ils devaient affronter chez de nombreux Français, à cette époque de l'entre-deux-guerres, xénophobie et antisémitisme. Les yeux et les oreilles ouverts, j'entendais les dimanches après-midi, au moment du thé qui rassemblait parents et amis russes émigrés, s'échanger des propos désabusés.

Ma tante Maroussia conservait avec optimisme un jugement « globalement positif » sur les Français en dépit de tel article de *Gringoire* que citait mon oncle Max. Mon oncle Simon, toujours apeuré — car, adolescent, il avait été maltraité à Kiev successivement par les Blancs puis par les Rouges —, annonçait de prochains pogroms en France.

Les amis, le couple Soubotnik, lui très beau et très bête, lissant sa splendide chevelure argentée, conseillait de partir en Amérique sans plus tarder, alors que sa femme — pot à tabac au visage de bouledogue et aux yeux saillants consécutifs à des troubles de la thyroïde — l'interrompait en disant qu'il faudrait alors apprendre l'anglais, ce qui nécessiterait un effort gigantesque. Et puis, tous leurs amis étaient ici, à Paris. Ensemble, ils commentaient les articles du journal des émigrés russes *Les Dernières Nouvelles*, notamment ceux d'un certain Nabokov qui les enchantaient[1].

Français, je voulais être, Français, je l'étais par droit de naissance. Si j'ai tant aimé de Gaulle, c'est

1. À cette époque, il n'avait pas encore écrit ses principaux chefs-d'œuvre, tels que *Lolita* ou *Pnine*.

que je trouvais, à la lecture de ses Mémoires de guerre, l'intensité transcendante du même patriotisme qui m'habitait. J'ai toujours frémi en lisant, au début de ses Mémoires, qu'il avait « une certaine idée de la France ». Une même disposition existentielle a coloré ma vie : j'ai admiré les résistants, nos alliés de guerre, Anglais, Russes, Américains, j'ai haï Vichy, les collabos, Franco. Plus tard encore, j'ai aimé l'armée, mon service militaire et, tout particulièrement, le fait d'être le plus jeune auditeur dans ma promotion de l'Institut des hautes études de Défense nationale (IHEDN) où un ami Henri Noguères m'avait fait inscrire.

C'est pour cela aussi que je fus si heureux de conduire en prise directe les études du CFRO[1] sur la force de frappe ; je voyais dans cet instrument de dissuasion, initié par Mendès France, réalisé par de Gaulle, l'assurance que la France ne capitulerait pas devant une éventuelle menace soviétique, alors que Daladier avait cédé à Munich devant la menace d'Hitler. Si j'ai tant voulu que Mitterrand devienne président de la République, c'est aussi parce que je le devinais inflexible, donc capable de ne pas céder à un éventuel ultimatum. J'en ai eu la confirmation lors de notre voyage de 1975 en Union soviétique au cours d'épisodes que je raconterai plus loin.

La guerre est arrivée alors que je n'avais que douze ans. Je me souviens pourtant parfaitement de l'ambivalence de mes sentiments de l'époque

1. Le CFRO (Centre français de recherche opérationnelle), fondé par moi, fut la première société française de conseil en recherche opérationnelle. La recherche opérationnelle peut être appliquée chaque fois qu'il y a des décisions majeures à prendre. Cela peut concerner le domaine militaire, mais également industriel, commercial et financier.

vis-à-vis des Russes. Les communistes avaient chassé mes parents de Russie. Mon père ne cessait de les honnir, les traitant en russe de toutes sortes de noms injurieux où revenait souvent l'adjectif « Rasboïniki », que l'on peut traduire par « assassins sauvages ».

En revanche, les Russes soutenaient les Républicains espagnols, ce qui me les rendait sympathiques. En effet, la guerre d'Espagne était l'axe de clivage principal au lycée entre deux camps. Je m'étais rangé dans celui du Front populaire, républicain, laïc, antifasciste, contre celui de la droite conservatrice, antiouvrière, admiratrice de l'Italie de Mussolini et de l'Allemagne d'Hitler. Au lycée Hoche de Versailles, au petit lycée, le fossé était profond, et presque à chaque récré on se bagarrait. Mes copains et moi étions traités de « rouges » ou de « bolcheviques ». Ce qui était un comble vu les opinions anticommunistes de ma famille.

Cette ambivalence cessa brusquement en septembre 1939 au moment du pacte de non-agression germano-soviétique. Plus de problème, les Russes étaient des mauvais. Par contre, dès le déclenchement par Hitler de l'opération Barberousse, les Russes devinrent des bons, des frères en souffrance, puis des héros salvateurs, à égalité avec les Anglais et les Américains.

C'est tout ce que j'ai vu et vécu entre 1936 et 1945, entre neuf et dix-sept ans, le Front populaire puis la guerre, qui a, dans une très large mesure, conditionné ma vie d'adulte. Sur le Front populaire, j'ai retrouvé ce que j'écrivais dans mes notes personnelles :

« Avec le recul du temps, que reste-t-il de 36 ? Cette "grande embellie", comme a dit Léon Blum.

En 1936, on a dansé dans les rues, en été 1936 sont partis à la découverte de la mer, de la montagne, des forêts, des millions d'hommes et de femmes pour qui c'était les premières vacances de leur vie. Tout ceci s'est fait sous un signe qui ne trompe pas : la Joie. Car la joie ponctue et souligne la libération de l'homme hors des asservissements économiques et politiques.

J'en ai conservé l'idée que c'était là le début du socialisme : donner à tous — et non pas seulement à quelques privilégiés — la disponibilité de son temps. Le temps de s'épanouir, de créer, le temps de se poser les questions essentielles de l'existence, le temps de rencontrer et d'aider les autres, le temps d'aimer et de s'émerveiller, le temps d'être, en un mot, le temps de vivre. »

D'où la permanence chez moi d'une certaine sensibilité, dite de gauche, ainsi héritée du Front populaire, de la guerre d'Espagne, de la Résistance, du haut-le-cœur provoqué par Vichy, dégoût de l'ordre moral, amour des libertés et des valeurs républicaines. J'éprouvais aussi une profonde reconnaissance pour le lycée, cette école de la République qui avait rendu possible l'intégration d'un fils d'émigrés russes.

Mais c'est surtout la guerre qui a forgé ma personnalité. Après la guerre, j'ai voulu comprendre comment cela était arrivé, le pourquoi et le comment de plus de vingt-cinq millions de morts. J'ai lu tout ce que j'ai trouvé sur l'avant-guerre et la guerre : mémoires, récits personnels, travaux d'historiens. De ces lectures j'ai surtout admiré les Mémoires de guerre de De Gaulle et de Churchill. J'ai été fasciné par les récits concernant Munich, les débuts du communisme, les « dix jours qui ébranlèrent le monde », les livres de Trotski, Victor Serge, Ignazio Silone, Arthur Koestler.

De sensibilité de gauche et ayant toujours distingué, dans la vie politique sociale et économique, la gauche de la droite, bien que je convienne avec mes amis que la vie démocratique ait rendu nécessaire, inévitable, l'existence de ces deux camps, j'ai toujours su que c'était un luxe des temps de paix. Face au danger, la France doit savoir s'unir, car la France n'est grande que rassemblée, comme le proclamait le général de Gaulle.

Outre le patriotisme, deux passions ont occupé ma première jeunesse : la lecture et les jeux.

Je lisais beaucoup. Non seulement les illustrés de l'époque — *Hurrah*, *Robinson*, *Mickey* — mais aussi les livres que lisait mon frère aîné. J'aimais les histoires de héros, de conquérants, qu'ils soient réels comme Alexandre ou Bonaparte ou bien imaginaires, tel le capitaine Corcoran.

Quant aux jeux, ils m'ont toujours fasciné. Mon père m'avait très tôt enseigné les échecs. Je jouais contre mon frère qui me battait et contre mes camarades que je dominais. Mais ce n'était pas de gagner qui me procurait du plaisir. J'étais captivé, je m'en suis rendu compte bien plus tard, par le processus du choix des coups à jouer. Imaginer une stratégie, construire dans sa tête tous les déroulements possibles, choisir puis voir se réaliser le gain attendu, voilà ce qui me plaisait. Ce goût s'appliquait aussi aux jeux dans lesquels le hasard était présent et où l'habileté consistait à en tenir compte, tout en ignorant à l'avance le cours exact des événements.

J'ai pu ainsi aiguiser mon esprit. Mon bonheur fut complet lorsque ces passions d'enfance se rejoignirent et que je devins conseiller du Prince, mettant dès lors mes aptitudes d'anticipation et de réflexion, non au service de ma vie professionnelle, mais à celui de la France, grâce à François Mitterrand.

La rencontre avec François Mitterrand

C'est Robert Badinter qui, en 1967, m'a fait connaître François Mitterrand. Robert avait déjà eu une forte influence sur ma vie. Nous nous étions connus adolescents, après la guerre. Nous avons souvent skié ensemble, avec de nombreux amis et tout spécialement Alain Perles. J'étais en admiration devant son intelligence, son brio, son talent oratoire fondé non seulement sur un bonheur d'expression, mais surtout sur l'élan, la foi, la passion qui l'animait. Nous savions tous que c'était le plus doué d'entre nous. Il avait cette lumière au front qui le distinguait et qui le conduirait au sommet de sa profession d'avocat, puis au-delà.

Lors de ma dernière année de Sup Aéro, je souhaitais poursuivre mes études aux États-Unis. Comme mes parents n'avaient aucun argent, il me fallait obtenir une bourse. Pour cela une université américaine devait m'accepter en maîtrise. J'hésitais dans le choix de l'université. Mes professeurs me recommandaient Caltech qui était la plus cotée en aéronautique. Mais, voilà ! Robert venait de passer un an à Columbia. Il parlait en termes enchanteurs de la vie à New York, des filles « terribles » — superbes Américaines d'origine jamaïcaine — qui, dans son récit, semblaient n'avoir attendu que lui, et qui désormais n'attendaient que moi.

Aussi présentai-je ma candidature à Columbia. Elle fut acceptée. Ce choix a eu une importance décisive dans ma vie, car justement Columbia — par un de ces hasards qui ont jalonné toute ma destinée — était l'une des deux seules universités américaines — l'autre étant MIT — où était enseignée la recherche opérationnelle, ce qui orienta toute ma carrière professionnelle. On a défini la recherche opérationnelle comme la préparation scientifique des décisions. Elle est née chez les Alliés au cours de la Seconde Guerre mondiale. Certains des scientifiques qui la pratiquèrent ont, à partir de 1951, commencé à l'enseigner. J'y retrouvai le goût de mon enfance pour les stratégies. Après avoir obtenu un Master of Science, revenu en France, je créai le Centre français de recherche opérationnelle (CFRO). Plus tard, j'inventai et mis au point des applications — à l'aide des calculateurs électroniques — aux sondages, aux élections et, plus généralement, à la politique.

Mon sujet de maîtrise fut alors, en 1953, consacré à un nouvel équipement, un calculateur électronique, qu'IBM commençait à commercialiser afin de le substituer aux machines mécaniques à cartes perforées. Je fus ainsi, « par hasard », un pionnier, en France, et de la recherche opérationnelle et de l'informatique appliquée.

En 1965, c'est au CFRO que l'IFOP et Europe 1 firent appel pour une innovation en France : l'opération « Estimation ». Il s'agissait, le soir même des élections, de diffuser à la radio les résultats probables, anticipant ainsi sur la publication des résultats définitifs donnés par le ministère de l'Intérieur tard dans la nuit, voire le lendemain.

Par la suite, les Français se sont habitués à ces soirées d'élections et à ces estimations à 20 heures pile ! À l'époque, ce fut une grande première. Je me souviens que Roland Sadoun, le talentueux et synpathique directeur général de l'IFOP, qui dirigeait l'exercice, et Julien Besançon, le présentateur d'Europe 1, eurent un moment de flottement lorsque un de mes ingénieurs, Ernest Copperman nous tendit la feuille sur laquelle mon ordinateur — c'était à l'époque un IBM 1401 — avait sorti une première estimation vers 20 h 15 :

« De Gaulle, en ballottage, avec 45 % des voix, suivi de Mitterrand avec 35 %. »

Cela fut annoncé à la radio vers 20 h 30.

Différents hommes politiques eurent leur attention attirée par ces nouvelles techniques, mais seul François Mitterrand en rechercha, semble-t-il, les auteurs. Robert Badinter, qui à l'époque était déjà très proche de François Mitterrand, put lui dire ce qu'était le CFRO. Dès lors, il voulut me rencontrer.

Lors de notre premier entretien, il me fit beaucoup parler du CFRO, des applications possibles de l'informatique à la politique, mais aussi de l'URSS, du communisme, des problèmes stratégiques posés par la guerre froide. Surtout, il m'interrogea sur ma vie, sur mes projets, sur ma famille. Il sut me mettre en confiance et, pendant plus de trois heures que dura notre déjeuner, je me suis raconté : « Oui, j'étais un observateur attentif de la vie politique et de l'opinion publique, surtout qu'ayant vécu l'effondrement de la France et l'Occupation, je redoutais la puissance soviétique. Non, je ne voulais pas faire de carrière politique. »

Mais, si je n'éprouvais aucune conviction forte, ni à gauche, ni à droite, on pouvait distinguer trois lignes de force dans ce que j'exprimais : la tripe républicaine, l'admiration pour Charles de Gaulle, la fascination pour le siècle des Lumières et la Révolution française[1].

Plus tard, j'ai compris, en observant ce qui suivit et son parcours singulier, qu'il recherchait des hommes et des idées nouvelles pour l'accompagner dans sa conquête du pouvoir. Je lui avait dit que je passais toutes mes vacances à Massevaques, sur le flanc nord de l'Aigoual. Un soir de ce même été, vers 19 heures, on sonne à la porte de la cuisine de ma maison cévenole, où nous nous apprêtions à dîner. J'ouvre. C'était François Mitterrand.

« Je passais par là avec quelques amis. Je me suis souvenu que vous y aviez votre maison. J'ai souhaité vous dire bonjour... J'espère que je ne vous dérange pas. »

En fait, il avait voulu voir comment je vivais et ainsi mieux apprécier qui j'étais. Ce qu'il vit de ma vie simple, élémentaire, dans ces merveilleuses Cévennes, un des endroits les plus beaux du monde, dut lui plaire. Toujours est-il qu'il prit ensuite l'habitude d'y venir passer quelques jours, presque chaque année, et même bien après être devenu président de la République.

Notre amitié fut ainsi colorée par nos conversations lors de longues marches sur les drailles, dans l'odeur des genêts et la recherche des cèpes. Le soir, devant le feu de hêtre, grillant des châtaignes, nous avons vraiment appris à nous connaître... du

---

1. Apprise et admirée dans l'*Histoire de la Révolution française* de Michelet.

moins les événements de nos vies respectives, car il fut, et est resté, considérablement secret.

Les sujets essentiels de nos discussions étaient la politique, l'histoire, la science, la spiritualité, mais surtout, et avant tout, la littérature. Il adorait les livres, les écrivains. Son érudition, sa mémoire, sa perception de la littérature étaient étonnantes, à nulle autre pareille. Je compris que, jeune provincial, timide, renfermé, assez isolé dans sa Charente natale, il avait dévoré les bibliothèques, et je me retrouvai : obligé de me cacher pendant la guerre, pauvre, avec un quotidien isolé et désespérément plat, n'ayant de possibilité de contact avec personne, ce sont mes lectures qui m'ouvrirent au monde : la quête du savoir scientifique, l'apprentissage par les romans des possibilités de plaire aux femmes et de se conduire dans la société des hommes. Depuis, je n'ai cessé de lire. Lui non plus, et cela cimenta notre amitié.

François Mitterrand et les communistes

Il me faut aborder la question délicate pour moi de François Mitterrand et des communistes. Pendant longtemps, je fus opposé à sa politique d'alliance avec eux. Aujourd'hui, il est clair qu'il avait eu raison et moi pas. Délicate, plutôt pénible, devrais-je écrire, car il ne m'a jamais vraiment pardonné d'avoir manqué de confiance en lui.

Pour en suivre le déroulement, il faut se replacer dans les années 1960-1970. L'Union soviétique constituait alors, à mes yeux, la menace principale pour nos libertés. Sans oublier l'héroïsme de la guerre, je voyais que, maîtresse de toute l'Europe de l'Est, l'Union soviétique avait écrasé par la force toutes les tentatives de libération des peuples de Hongrie, Pologne, Tchécoslovaquie. Les politiques de défense des pays membres de l'Alliance atlantique consistaient à espérer endiguer un assaut éventuel des divisions blindées du Pacte de Varsovie et, par dissuasion nucléaire, arriver à prévenir la guerre. Ma fréquentation de l'Institut des hautes études de défense nationale m'avait mis au fait de ces politiques. Par ailleurs, je n'avais jamais ressenti la moindre tentation d'être un « compagnon de route ». Dès la Libération, mes votes successifs furent toujours pour de Gaulle, puis pour les socialistes de Blum, l'homme de la scission de Tours de 1920, enfin pour Mendès. Ainsi, j'avais approuvé que Mendès, investi président du Conseil, ait annoncé à l'avance qu'il décompterait les voix des communistes pour savoir si la majorité à la Chambre des députés était atteinte. Enfin je connaissais trop bien l'histoire de l'avant-guerre, les faiblesses et reculades des démocraties occidentales face à Hitler, pour accepter que la France mette, fût-ce un doigt, dans l'engrenage des compromis avec le totalitarisme soviétique.

Aussi, quand Mitterrand, lors de l'élection présidentielle de 1974, se présenta en candidat unique des socialistes, radicaux de gauche et communistes, je décidai de ne pas l'aider dans sa campagne.

Je me souviens d'une matinée de vacances dans les Cévennes. Il passait quelques jours chez moi et m'avait demandé de le conduire à mon reboisement, près du Pompidou (eh oui, la vie a de ces ironies !). Je conduisais ma camionnette 2 CV qui sentait bon le bois de hêtre et les genêts séchés que nous avions ramassés la veille pour alimenter la cheminée. Le soleil éclatant des matins cévenols m'emplissait comme toujours d'une joie déchirante. J'avais au cœur un sentiment de gratitude que la nature fût si belle. Nous roulions en silence sur ces routes de montagne à lacets serrés, à travers le violet des bruyères et le gris des schistes. Mitterrand, d'une voix douce, me demanda si je le pensais si naïf ou manquant de caractère pour se faire berner par les communistes, un nouveau Kerenski en somme ? Je l'assurai de ma confiance, mais j'ajoutai : « Je crains qu'une fois que vous les aurez installés au pouvoir avec vous, et si vous ne faites pas leur politique, ils ne vous fassent subir le sort de Berneš et de Masaryk. »

Lors de l'élection de 1981, sept ans plus tard, la situation avait radicalement changé. Il était le candidat socialiste. Les communistes avaient un candidat à eux, Georges Marchais. Le rapport de forces avait changé. Il était évident que les socialistes dominaient à gauche et que, s'il devait y avoir des ministres communistes, ils n'auraient que des postes secondaires, sans influence sur la politique nationale. J'ai donc accepté, à sa demande, de m'occuper des sondages pendant la campagne présidentielle dont on trouvera le récit au chapitre suivant. Et puis, entre-temps, il y avait eu mon voyage en URSS d'avril 1975, avec Mitterrand et une délégation du PS, que je vais raconter maintenant, au cours duquel je pus mesurer sa fermeté face à quelques tentatives d'intimidation des Soviétiques.

Le voyage en URSS du 14 au 21 avril 1975

Au printemps 1975, la situation diplomatique entre la France et l'URSS était plutôt bonne. Brejnev régnait en maître sur l'Union des républiques socialistes soviétiques. Souslov, chef idéologique, contrôlait sans véritable problème à la fois le Parti communiste de l'URSS et les partis communistes des autres pays. En France, Valéry Giscard d'Estaing, président depuis un an, conduisait, à l'intérieur, des réformes populaires visant au rajeunissement de la société et, à l'extérieur, une politique d'apaisement.

Vis-à-vis de l'URSS, la France essayait, pour sa part et à tout petits pas, de sortir de la guerre froide, ce dont les Soviétiques apparaissaient satisfaits. Vis-à-vis des États-Unis, l'apaisement était réussi. Il n'était plus question, depuis le départ de Michel Jobert des Affaires étrangères, d'afficher un antiaméricanisme soupçonneux. Quant à l'Europe, les intentions de Giscard étaient de la construire, sans état d'âme, grâce à une excellente entente avec l'Allemagne de l'Ouest.

L'URSS ne manifestait aucune sympathie pour le Parti socialiste français. Mais, voilà que, jugé quantité négligeable il y a encore peu de temps, le Parti socialiste avec François Mitterrand avait failli emporter l'élection présidentielle de 1974. Aussi était-il naturel, pour les Soviétiques, de vouloir examiner François Mitterrand de plus près. On se mit à envisager une visite en URSS d'une délégation du Parti socialiste français, à l'invitation du Parti communiste soviétique. L'organisation en fut laborieuse. La visite remise par deux fois eut finalement lieu en avril 1975.

La délégation du PS comprenait François Mitterrand, Pierre Mauroy, Gaston Defferre, Robert Pontillon, Lionel Jospin, Claude Estier, Charles-Emile Loo, Michel Rocard, Jean-Pierre Chevènement, Didier Motchane... et moi-même.

François Mitterrand m'avait en effet, quelques temps auparavant, invité à l'accompagner. J'avais accepté, mû par la curiosité.

Ce fut ainsi que je rencontrai pour la première fois les dirigeants socialistes dans un environnement — un voyage en groupe — propice à nouer des relations amicales. Je me souviens plus particulièrement d'entretiens agréables avec Jean-Pierre Chevènement et Lionel Jospin. Jean-Pierre Chevènement était un jeune homme réfléchi, étonnamment mûr pour son âge, avec une forte culture politique. Lionel Jospin, les cheveux un peu fous, très drôle en petit comité, mettait de la bonne humeur dans le groupe et était apprécié de tous. Ma présence devait être pour eux une surprise car ils ne m'avaient jamais vu et savaient que je n'étais même pas membre du PS. Mais, à cette époque, l'autorité de François Mitterrand n'était pas contestée au Parti socialiste et il faisait ce qu'il voulait.

À Moscou, où l'on ne savait évidemment pas qui j'étais, alors que tous les autres étaient fichés et leurs biographies communiquées aux membres de la délégation soviétique qui nous recevait, on mit deux jours à s'émouvoir. Puis des questions furent posées, incidemment, à quelques-uns des Français, afin de me situer et de définir mon rôle. Mais que pouvaient-ils dire, mes nouveaux amis ? Que c'était

le bon plaisir de François Mitterrand ? Certains répondirent aux Russes que j'étais « délégué de la base ».

Lorsque, par la suite, j'accompagnai, seul, François Mitterrand au rendez-vous avec Leonid Brejnev (ainsi que je le raconte plus loin), les responsables soviétiques du Politburo, direction des relations étrangères, qui avaient organisé le voyage, s'inquiétèrent vraiment. Ils ne savaient pas quoi répondre aux interrogations de leurs chefs. D'où l'épisode cocasse, dans l'avion qui nous amena quelques jours plus tard à Tachkent, d'un interrogatoire en règle, conduit par un apparatchik du Politburo.

Quant au sens initial de la visite, Noël Copin dans *La Croix* la résuma fort bien :

> « Ce que les socialistes français ont à exposer aux Soviétiques, c'est leur conception de l'alliance avec le PCF, leur conception de la place de la France dans le monde ; ils entendent notamment effacer une certaine image atlantiste de l'ancienne SFIO. Ce que les socialistes ont à demander aux Soviétiques, c'est leur façon d'envisager l'évolution politique de l'Europe occidentale, leur sentiment sur les socialistes de ce pays. Quelle aurait été leur attitude si M. Mitterrand avait emporté les présidentielles l'année dernière ? Préfèrent-ils en France un pouvoir gaulliste ou giscardien à un gouvernement d'union de la gauche ? »

Les entretiens

L'Unité n° 156 du 2 mai 1975, l'hebdomadaire du Parti socialiste, a publié le compte rendu analytique des deux jours d'entretiens officiels d'après les notes de Claude Estier.

Pour François Mitterrand, l'exercice était difficile : l'unité d'action avec le PCF était la condition nécessaire à son entreprise de conquête du pouvoir. L'hostilité des Soviétiques à une telle entreprise pouvait encourager les communistes français à rompre. Mais, par ailleurs, il ne pouvait réussir vis-à-vis de l'opinion française que si celle-ci n'éprouvait aucune crainte de le voir, une fois élu président, provoquer un basculement des alliances traditionnelles de la France.

Parmi les participants soviétiques[1], Souslov surtout m'a frappé. Long, mince, un peu voûté, les cheveux poivre et sel, le visage mince d'un intellectuel introverti, il ressemblait assez à un instituteur à la retraite. Son visage austère s'illuminait parfois d'un sourire d'adolescent malicieux. Son allure était celle d'un vieux bolchevique de légende. La mise modeste, un costume léger, flottant, un peu fripé, un col de chemise ouvert, pareil à ceux qui, quarante ans auparavant, expliquaient aux Soviets de Petrograd qu'il fallait s'emparer du Palais d'Hiver et renverser Kerenski[2]. Il s'exprimait simplement, en excellent didacticien. Son autorité

1. À savoir : Souslov, Ponomarev, Fedosseiev, Inozemtsev, Joukov, Zagladine, Afanassiev.

2. Le premier chef de gouvernement russe, après la Révolution.

tranquille était perceptible. Il était clair que lui seul parlait comme il l'entendait. Les autres ne faisaient qu'illustrer, commenter, développer, dans une langue de bois, ce qui était énoncé par Souslov. Le seul peut-être qui faisait — parfois — exception était Zagladine. Il parlait un excellent français et manifestait une grande sympathie pour la France. Les vingt ans qui le séparaient de Souslov étaient perceptibles dans toute son approche. Lui, manifestement, savait que l'Occident n'était pas près de s'écrouler. Je le retrouverai quinze ans plus tard dans le sillage de Gorbatchev.

Pour Souslov, par contre, relayé par un Ponomarev gris et sans saveur, les contradictions internes du capitalisme devaient conduire inéluctablement à la paupérisation de l'Occident, puis à la révolution. Ce dogme était inébranlable. Souslov en était le gardien indiscuté au sein des Partis communistes du monde.

Un moment baroque fut celui où l'académicien Inozemtsev, idéologue en service commandé, nous expliqua sans rire que, depuis la fin de la guerre, la situation économique en Occident se détériorait inévitablement alors qu'elle progressait dans les pays socialistes. À titre d'illustration, il donna en exemple l'ouvrier anglais qui ne pouvait plus se permettre de manger de la viande que deux fois par mois. Je ne sais si les membres de la délégation soviétique y croyaient, mais à aucun moment de cet exposé ils ne bronchèrent.

Seul Ponomarev s'exprima après Inozemtsev. Ce fut pour dire que la crise actuelle du capitalisme était la plus profonde depuis celle des années 30. Face à la pénurie et au renchérissement du pétrole, crise et récession allaient conduire à des luttes internes, de plus en plus vives, en Occident.

Dans l'avion de Tachkent je rappelai cette affirmation à l'apparatchik du Politburo qui m'interrogeait pour savoir, en douce, qui j'étais. Il me dit alors, en confidence : « Ce sont des radoteries de vieux crabe, mais... que faire ? »

Moscou : le tête-à-tête Brejnev-Mitterrand

Dans le programme, il était prévu, au cours du second jour, une rencontre avec Brejnev. Les Russes proposèrent un tête-à-tête. Mais François Mitterrand qui se méfiait demanda à être accompagné par une délégation réduite de deux ou trois personnes. Cela a paru constituer une grosse difficulté pour les Soviétiques. Peut-être ne savait-on pas alors, du côté soviétique, qui parmi eux seraient les deux ainsi distingués. Le lendemain, une contre-proposition soviétique fut soumise à François Mitterrand : il pouvait être accompagné d'un collaborateur, et un seul. Ponomarev serait au côté de Brejnev. François Mitterrand accepta. Mais alors, qui devait-il choisir dans notre délégation ? Il ne souhaitait pas privilégier l'un des trois initialement prévus au détriment visible des deux autres. Aussi décida-t-il que je l'accompagnerais. Cela présentait en outre l'avantage que, comprenant le russe sans que cela soit connu des Soviétiques, je pourrais ainsi vérifier la loyauté de la traduction.

Arrivant au Kremlin, palais baroque et mystérieux, chargé dans mon imaginaire de tant d'histoires et de crimes, je suis intimidé. Le bureau de Brejnev est décoré de panneaux clairs avec des bordures rectangulaires noires, façon demi-deuil. C'est là que Brejnev accueille François Mitterrand avec bonhomie. Le prenant par le bras, il le conduit vers une table assez longue sur laquelle sont exposées de nombreuses photographies de guerre représentant Brejnev, jeune, en uniforme de général dans différents groupes de combattant, ou bien seul devant un char.

Brejnev lui dit alors : « Moi, j'ai passé quatre ans à me battre contre les fascistes allemands. Je sais que vous avez fait de la Résistance et que vous avez failli périr plusieurs fois pour la défense de votre patrie. Cela crée des liens entre nous, nous sommes frères d'armes en quelque sorte. »

Puis, il l'installe en face de lui, Ponomarev à son côté, moi à la droite de François Mitterrand. L'excellent traducteur, au physique de jeune premier hollywoodien, reste debout derrière Brejnev. La conversation qui s'engagea reprit, en plus banal, les thèmes des rencontres avec Souslov. Là encore je pris des notes. Les ayant confrontées à celles des neuf heures d'entretiens précédents, je n'y vis rien de nouveau. Cependant, deux épisodes amusants méritent d'être rapportés.

Parlant des communistes français, Brejnev dit : « Vous savez, je les ai reçus il n'y a pas si longtemps. Je ne me cache pas pour voir mes copains — d'ailleurs... le chef, qui déjà ?, était assis, là, à votre place. » Ponomarev intervient et l'aide à se souvenir de son nom : « le camarade Marchais ».

Quelques moments plus tard, Brejnev, pour bien insister sur ses intentions pacifiques et son désir de ne plus jamais voir une guerre survenir, interpelle Mitterrand : « Vingt millions de morts, voilà le prix pour nous de la dernière guerre [...]. Nous ne ferons la guerre que si l'on nous y force. » Puis : « Me croyez-vous ? Regardez-moi, voyez comme je suis ! Ai-je l'air dangereux ? » lui demande-t-il avec une immense grimace tout en sourire. Mitterrand répond poliment : « Laissez-moi réfléchir. Je désire vivement vous croire. Ce seront vos actions futures qui permettront d'en juger. » Ponomarev intervient pour dire : « Vous êtes méfiant. »

Quelques secondes de silence puis Leonid Brejnev dit en russe : « Camarade Mitterrand, votre réponse m'a coupé les bretelles » et il fait un geste comme pour couper avec deux doigts, en forme de ciseaux, des bretelles qui tiendraient son pantalon[1]. Aussitôt, je ne puis réprimer un éclat de rire. Mitterrand me jette un coup d'œil réprobateur, mais dès qu'il entend la traduction, il rit à son tour de bon cœur.

Au cours de ce tête-à-tête, alors que le traducteur officiait, j'ai entendu cet aparté entre Brejnev et Ponomarev, qui ignoraient que je comprenais le russe :

BREJNEV. — Comment je parle ?

PONOMAREV. — Bien. Cela ne se remarque pas.

BREJNEV. — J'ai parfois du mal à articuler.

PONOMAREV. — On ne l'entend pas.

Après, je l'ai signalé à François Mitterrand qui fut ainsi un des premiers politiques occidentaux à être

1. François Mitterrand en a fait le récit dans *L'Abeille et l'Architecte*, Flammarion, Paris, 1978, p. 27.

averti que Brejnev avait des ennuis de santé. On a su bien plus tard — au Kremlin on savait à cette époque conserver un secret — que Brejnev souffrait de troubles circulatoires et que sa santé se détériorait.

Le tête-à-tête s'est terminé par une nouvelle profession de foi pour la paix. « J'en ai trop vu pendant la guerre. Je ne puis poursuivre aucune autre politique que la paix. C'est vrai, je pense à tous les hommes, mes camarades, qui comme vous ont traversé toute la guerre. »

Hélas, c'est le même Brejnev qui, quelques années plus tard, approuva l'entrée des armées russes en Afghanistan, entraînant la mort de plus d'un million de personnes.

Vingt-cinq ans se sont passés. On sait maintenant[1], comment fut prise la décision d'une intervention militaire en Afghanistan, le 26 décembre 1979.

On peut constater à quel point les membres du Politburo étaient alors captifs de leur propre idéologie, d'après laquelle l'Union soviétique, tout en réalisant le communisme en son sein, avait le devoir d'aider les peuples à se libérer de l'exploitation capitaliste et de l'impérialisme. Ce que l'on appelait alors la « doctrine Brejnev » avait déjà servi en Tchécoslovaquie contre le « Printemps de Prague ». Rétrospectivement, on frémit à ce qui aurait pu, de façon similaire, se passer en Europe, au début des années 80 si la tension créée par le déploiement des SS20 et des Pershing avait dégénéré.

---

1. Boukovsky Vladimir, *Jugement à Moscou*, Laffont, Paris, 1995.

Le 8 octobre 1979, Amin, à la suite du coup d'État, prend le pouvoir. C'est le leader du Khalq, la faction marxiste antirusse du parti communiste afghan. Le KGB, d'après les mémoires d'Anatoly Dobrynine[1], l'ambassadeur de l'Union soviétique à Washington, envoie un rapport au Politburo qui accuse Amin d'être un agent de la CIA. N'a-t-il pas fait ses études à l'université de Columbia ?

Le 12 décembre, la situation en Afghanistan est examinée au cours d'une réunion des membres les plus importants du Politburo : Andropov (KGB), Souslov (Idéologie), Gromyko (Affaires étrangères), Oustinov (ministre de la Défense), Ponomarev (Direction internationale du Parti), Grishin (secrétaire du parti de Moscou) et Kirilenko (assistant de Brejnev).

C'est Brejnev qui préside la réunion. Déjà diminué par sa maladie, physiquement et intellectuellement, il mène rapidement le tour de table et propose l'envoi de troupes en Afghanistan, comme cela fut fait en Tchécoslovaquie en 1968, pour assurer la « solidarité internationale » avec les peuples menacés par la réaction impérialiste, soutenue en sous-main par les États-Unis. Oustinov assure que l'opération militaire se fera vite et sans difficulté. Souslov et Ponomarev sont « enthousiastes » (!). Gromyko, déçu par l'insistance du président Carter sur le respect des droits de l'homme, minimise l'effet négatif additionnel sur les relations avec les États-Unis.

La décision finale d'intervenir est prise sans objection. Il en ira autrement quelques jours plus tard : les militaires chargés de l'organisation de

---

1. Anatoly Dobrynine, *In confidence*, Randomhouse, 1995.

l'opération, les généraux Ogarkov, Akhromeïev et Varennikov envoient un rapport tout à fait défavorable au ministre de la Défense, Oustinov, du fait du terrain montagneux, de la bellicosité des tribus afghanes et du caractère « guerre civile » de cette action. Ils sont convoqués immédiatement par Oustinov qui les fait mettre au garde-à-vous et les réprimande vertement : « Depuis quand les militaires décident-ils de la politique étrangère ? »

Le 26 décembre, le feu vert est donné par Brejnev et, le 29 décembre, Amin est tué dans un coup d'État organisé par le KGB. Environ cinquante mille soldats russes occupent les principales villes. Karmal, le chef de la faction prorusse du Parti communiste afghan, est installé au pouvoir. L'insurrection et la guérilla commencent. Brejnev décide que le Politburo demandera l'aval formel du comité central du Parti, qui est alors convoqué en session spéciale. L'approbation des deux cents membres est unanime.

La guérilla afghane durera dix ans, et cette guerre ébranlera le régime soviétique.

Oulianovsk, ville natale de Lénine

Nous volions, de nuit, dans l'avion pour Tachkent, en provenance de Leningrad, dont je conserve un seul souvenir, mais terrible : le monument aux 400 000 morts du siège de Leningrad. Le siège le plus terrible jamais survenu et qui se trouve décrit dans l'admirable livre de Harrisson Salisbury, *Les 900 jours de Leningrad.* L'avion était un appareil régulier d'Aeroflot, à moitié plein de passagers ordinaires soviétiques. Les membres de notre délégation s'étaient endormis, écroulés de fatigue. Moi, je ne pouvais dormir tellement tout ce à quoi j'avais assisté depuis quatre jours m'obligeait à méditer. Mes réflexions, que j'écrivais alors pour moi, je les relis maintenant, vingt ans plus tard : sur Brejnev, sur la guerre qui fit, rien qu'en Russie, vingt millions de morts, sur Mitterrand que manifestement les Russes découvraient et dont ils voulaient prendre la mesure, sur le peu qui restait de l'idéal communiste en Russie, sur la problématique communiste en France qui faisait que jamais le PCF n'accepterait de gaieté de cœur que François Mitterrand accède au pouvoir.

Soudain, l'avion perd brusquement de l'altitude et nous sommes invités à boucler nos ceintures. Il est 2 heures du matin. Nous ne devrions arriver à Tachkent que vers 5 heures. Que se passe-t-il ? Un accident ? Les hôtesses russes de l'Aeroflot ont l'air paisible. L'avion est-il détourné ? A-t-on décidé de réexpédier à Paris toute la délégation du Parti socialiste ? Hypothèse un peu folle. Mais mon imagination est fortement échauffée après les trois jours d'entretiens avec Souslov, et les deux heures avec Brejnev. « Ils » avaient peut-être conclu que François Mitterrand serait un chef d'État moins accommodant que d'autres.

On atterrit. Une hôtesse annonce que seuls les camarades français descendent pour être reçus par le secrétaire du Parti d'Oulianovsk. Les passagers russes doivent demeurer assis dans l'avion et sans fumer. En bas de la passerelle avancée, dans la pénombre, d'immenses limousines éclairent de leurs phares croisés des hommes en veston, rangés derrière un géant. C'est Ivanov, le « patron » du Parti. Il avait appris que notre avion survolait sa région et avait spontanément donné ordre de le faire atterrir, un arraisonnement en quelque sorte.

François Mitterrand descend le premier, derrière lui le groupe des Français, certains mal réveillés. Le demi-sourire forcé de politesse de François Mitterrand s'efface lorsqu'il se trouve soudain saisi par le colosse, arraché de terre, serré sur une poitrine puissante et embrassé sur la bouche. En français, avec un « accent russe merveilleux », on entend le colosse dire : « Salutations à grand et renommé camarade Mitterrand. Nous allons montrer belle ville du bien-aimé Lénine. » Et nous voilà partis, roulant à tombeau ouvert, les ZISS précédées de motards, dans le silence d'une ville engourdie par une chaude nuit de mai, à l'odeur des tilleuls en fleurs, visitant au pas de charge la maison natale de Lénine, son école et les lieux successifs qu'il fréquenta lors de son adolescence.

Enfin, on nous ramène à l'aéroport. L'avion y attend toujours notre retour pour continuer vers Tachkent. Les passagers soviétiques résignés doivent dormir. Mais il n'est pas question de repartir tout de suite. Un banquet a été préparé : salon de réception, table couverte de victuailles, jambons délicieux, petits concombres au sel, toute une gamme de poissons fumés, et du caviar, et quel caviar ! Pas de ces portions individuelles servies partout ailleurs. Ici, des urnes en cristal, ciselées selon le goût de l'ancienne Russie, ayant probablement appartenu jadis à quelque noble, débordent d'un merveilleux caviar gris, frais, aromatique. On nous fait asseoir, manger, boire, manger encore et porter toast sur toast.

Il est 4 heures du matin lorsque je ris à une plaisanterie[1] antisoviétique que me raconte à l'oreille mon apparatchik accompagnateur du Politburo, spécialiste érudit de la politique française. Interrogé par François Mitterrand sur la cause de mon hilarité, et pour ne pas gêner mon hôte qui eut soudain l'air embêté par cette question, je dis : « Je pense à la délégation du Parti communiste qui doit à cette heure même nous attendre au garde-à-vous à l'aéroport de Tachkent, en bout de piste. » François Mitterrand, qui avait fait honneur au caviar, saumon fumé et vodka, et avait vraiment envie de dormir, suggère de partir. Rien n'y fit. Ivanov nous avait, il ne nous lâcherait pas. Et dans l'aube naissante qui paraissait aux fenêtres nous avons continué à boire et à manger, à raconter la guerre et comment les criminels nazis furent anéantis.

La déraison de cette situation avait fait éclater le carcan du protocole, les horaires et fait momentanément oublier la dureté des affrontements politiques. Nous étions des hommes, des survivants de l'horreur de la guerre, des frères.

Tachkent

Finalement, nous sommes arrivés à Tachkent avec cinq heures de retard. Les autorités locales

1. « Savez-vous pourquoi, cinquante ans après la Révolution bolchevique, il n'y a toujours pas assez de viande en Union soviétique ?... C'est parce que, chez nous, le socialisme a progressé à pas de géant et à une telle vitesse que le troupeau n'a pas pu suivre. »

soviétiques avaient prévu que les discussions débuteraient à l'hôtel à 11 heures précises. Mais François Mitterrand, qui avait besoin, comme nous tous, de cuver le festin d'Ivanov, exprime le désir de se reposer quelques heures — on convient donc, après marchandage, de commencer à 13 heures et nous voilà à l'hôtel. Je m'endors..., pas pour longtemps.

Le téléphone sonne dans ma chambre. C'est François Mitterrand. Il me dit qu'il est 11 h 30. Il a été réveillé par un officiel soviétique qui poliment lui a indiqué qu'il était temps de descendre pour la cérémonie d'accueil. Ne viendrais-je pas dans sa chambre pour attendre tranquillement 13 heures ? Nous pourrions bavarder un peu ! Et nous voilà tous les deux, lui en pyjama, moi assis au pied d'un lit dur, dans une chambre disgracieuse, à deviser, non pas de notre visite en URSS, car nous avions dès le début adopté la prudence de n'en parler jamais là où un micro pouvait avoir été placé, mais des Cévennes et des livres que nous avions lus récemment.

Tous les quarts d'heure environ, on sonnait à la porte ou au téléphone, pour l'avertir que le temps passait, rappeler qu'il était attendu, que les officiels s'impatientaient, etc. Tantôt c'était un Ouzbek, tantôt notre accompagnateur, à la fin même ce fut le vice-secrétaire du Parti communiste, un Russe grand teint, élégant et furieux : il n'avait jamais vu quelqu'un ne pas se soumettre à une injonction du Parti. Chaque fois, François Mitterrand m'envoyait répondre gentiment que le début avait été fixé — d'un commun accord — à 13 heures, et que, dès lors, il descendrait dans le hall à 13 heures exactement. En effet, il avait bien senti qu'il s'agissait au fond de le tester, en le bousculant un peu, pour voir comment il réagirait. Ils étaient en train de l'apprendre. Je dois avouer que j'étais mal à l'aise, mais François Mitterrand me fit la conversation avec tant de finesse et de drôlerie que j'oubliais finalement le côté « Cantatrice chauve » d'avoir à m'interrompre chaque fois pour aller à la porte délivrer mon message inchangé avec calme et sourire.

François Mitterrand me fit parler de la théorie de l'évolution des applications futures et bouleversantes de la télématique, et peut-être jamais jusque-là ne m'avait-il écouté aussi attentivement. Aussi, je fus tout surpris lorsqu'il m'interrompit pour dire, avec un drôle de sourire — que je revois encore : « Il est 13 heures passées, Charles. j'aimerais continuer à vous écouter, mais ne nous mettons pas en retard, nous risquerions d'être impolis. »

2

LA PRISE DU POUVOIR

Valéry Giscard d'Estaing – Les incertitudes de l'union de la gauche – La décision de se présenter – La candidature de Michel Rocard – Tel-Aviv : les choix – Note 1 : la stratégie – Note 2 : l'image – Morceaux choisis des notes suivantes – Un conseiller technique – Robert Badinter, garde des Sceaux – Huit ans d'Élysée.

La victoire à l'élection présidentielle de 1981, que l'on crut possible entre 1975 et 1978, puis douteuse après les élections législatives décevantes de 1978 résulta, en fait, de la conjonction de deux facteurs : l'union de la gauche qui fonctionna mieux que ne le voulaient les dirigeants du PCF et la désunion de la droite qui, en partie, rejeta Valéry Giscard d'Estaing.

Mais, avant de raconter comment j'ai vécu ce combat de la présidentielle, ainsi que le rôle que j'y ai joué, il me revient en mémoire un souvenir plus ancien.

Valéry Giscard d'Estaing

Un soir, au début des années 70, après avoir vu sur les Champs-Élysées le film *Orange mécanique*, François Mitterrand m'invite à manger quelques huîtres au Val-d'Isère. Nous parlons un temps de ce film dérangeant. Puis, il me dit : « La bourgeoisie conservatrice française a vraiment une chance imméritée. Elle découvre en son sein un futur champion particulièrement doué. » Au micro d'Europe 1, François Mitterrand avait débattu avec Valéry Giscard d'Estaing, pendant une heure et demie, du livre de Jean-Jacques Servan-Schreiber, *Le Défi américain.* Débat de très haute tenue au cours duquel ils s'étaient accordés sur deux points capitaux : l'Europe et la technologie. C'était la première fois que je l'entendais parler de Giscard, dont je ne connaissais alors que fort peu de choses, sinon l'image publique d'un homme jeune, élevé par une mère ambitieuse et le souvenir goguenard de copains qui avaient été ses camarades. Ils avaient été condisciples dans sa promotion à Polytechnique et avaient l'habitude de se moquer de « sa suffisance ». Peu intéressé, je veux revenir à la discussion sur *Orange mécanique* et au malaise que me causait ce film ténébreux, mais François Mitterrand continue à haute voix sa réflexion : « Le gaullisme, après avoir réussi à fédérer la droite, va s'essouffler. Il s'essouffle déjà. La gauche devrait lui succéder. Mais, maintenant il y a Giscard. C'est lui et pas un gaulliste que je rencontrerai sur ma route. »

Les incertitudes de l'union de la gauche

Sur les péripéties, les hauts et les bas de l'union de la gauche et de son programme commun, les interprétations furent nombreuses et assez divergentes selon les points de vue des auteurs. J'étais également de parti pris.

Dans mes notes de l'époque transparaît l'idée

que je me faisais des intentions des communistes : empêcher la victoire de François Mitterrand s'ils le pouvaient, sans trop heurter leur électorat qui était, lui, acquis à l'union de la gauche.

Au cours du voyage d'avril 1975 en URSS, François Mitterrand s'était glissé tout naturellement dans le rôle de futur président de la République, en charge des intérêts et du destin de la France. Après le voyage en URSS, je lui résumai ainsi les principaux enseignements que j'en avais tirés :

> 1. Le souvenir des malheurs de la guerre est omniprésent en URSS. Les dirigeants actuels ne veulent pas une guerre contre l'Occident. Ils pensent d'ailleurs que la guerre ne sert à rien car le capitalisme est en crise. Celle-ci s'approfondira et la victoire finale du communisme est inéluctable.
>
> 2. L'empire soviétique est fondé sur une vision positiviste et sur la certitude de détenir la science vraie.
>
> 3. Le Parti communiste soviétique est le gardien de la vraie foi. Si — en France notamment — le PC local fait alliance avec le Parti socialiste, cela ne peut être que tactique.
>
> 4. Cependant, la Russie a préféré spontanément et préférera à l'avenir que la France soit dirigée par un conservateur éclairé, comme Pompidou ou Giscard, plutôt que par un « social-traître », comme François Mitterrand.

Après les municipales de 1977, gagnées par la gauche et au cours desquelles joua la « discipline républicaine » entre le PS, les radicaux de gauche et le PC, assez rapidement, le PC commença à faire de sérieuses difficultés. L'actualisation du programme commun fut l'occasion de déclencher le conflit.

Le soir même de la rupture des négociations provoquée par Robert Fabre, au nom des radicaux de gauche, j'allai chercher François Mitterrand à Montpellier à l'arrivée de l'avion de Paris. Il venait passer quelques jours à Massevaques. Sur la route qui nous conduisit dans les Cévennes, je lui exposai mes idées sur la stratégie du PC. Il me demanda de les lui mettre par écrit. J'ai retrouvé mon brouillon :

> Le Parti communiste français, après les municipales de 1977, a entamé ce qui dans son esprit est un processus d'élimination de François Mitterrand.
>
> *I. Pourquoi ?*
>
> La stratégie communiste est prévisible car elle découle d'une logique à elle. Cette logique est précise, élaborée depuis longtemps et constamment « sous contrôle ».
>
> **1. But**
>
> Dans sa longue marche à la conquête du pouvoir en France, le PCF pense qu'il a comme obstacle principal, non pas une droite qui se dégrade elle-même, mais un parti socialiste fort et (donc) François Mitterrand.
>
> Donc, un jour ou l'autre, il faudra les combattre, les abattre.
>
> **2. Règles**
>
> Si l'alliance actuelle avec le PS lui est momentanément nécessaire — en contrepoint — les règles suivantes sont à respecter : le PCF doit :
>
> *a)* continuer à s'authentifier comme le parti

de la classe ouvrière et donc affirmer ses divergences de finalité avec le PS (« gérer la crise », etc.) ;

b) renforcer la fidélité de ses militants, retenir son électorat, éviter une hémorragie vers le PS à travers des frontières devenues par trop indistinctes et donc poreuses ;

c) apaiser l'Église mère de Moscou (« on n'est pas réformiste », etc.) qui n'a cessé, ces derniers mois, de publier des mises en garde contre l'oubli de la révolution (et de la violence nécessaire à l'égard des perfides sociaux démocrates) (*cf.* article de Iouri Krashine dans *Kommunist*, journal théorique du PC russe).

II. Comment

« L'actualisation du programme commun » a été choisie comme l'occasion du déclenchement du processus. En effet :

1. Si la gauche gagne

Le PCF empochera les bénéfices du succès, sans avoir enfreint les règles décrites plus haut. De plus il se sera approché de son but : le Parti socialiste et François Mitterrand auront déjà été publiquement soupçonnés de trahison « potentielle » (au sens d'Aristote).

Il suffira de qualifier certaines mesures gouvernementales de « passage à l'acte » de la trahison et de réclamer à nouveau que soient adoptées celles du PC qui furent rejetées par le PS avant les élections.

On voit que le redéploiement de la stratégie du PC a été facilité par le processus de « l'actualisation » et tout ce qui s'y sera dit.

2. Si la gauche perd

Le coupable en sera clairement dénoncé : François Mitterrand, qui aura refusé — par ambition — la nécessaire union avec le PCF et, de ce fait, cassé l'enthousiasme du peuple français.

Une campagne sera alors lancée de main tendue aux « vrais militants démocrates » au sein du PS pour que ceux-ci se débarrassent de l'obstacle à l'union, c'est-à-dire François Mitterrand et sa clique : Hernu, Mermaz, Rocard, etc.

Quant à la pénalité, ne pas participer dès 1978 au pouvoir, elle n'est pas lourde à qui est convaincu d'être dans le sens de l'Histoire et donc qui n'est pas pressé (n'est pas un « aventurier », comme disait Souslov).

III. Riposte

Comme il est illusoire de croire que le PCF changera dans le court terme, l'action de riposte, qui doit être constamment conduite, pourrait inclure les éléments suivants :

1. Le thème « Non au programme communiste » apparaît comme un bon moyen pour :

a) attirer les voix hésitantes de l'électorat centriste ;

b) capter les électeurs communistes déçus par l'attitude du PC ;

c) aguerrir les militants socialistes, accroître leur capacité de résistance aux offensives du PCF, les préparer aux combats très durs de demain.

2. Ouvrir une perspective de gouvernement PS homogène, applicable si le PC se dérobe. Cela entraînerait :

a) la crédibilité de gouverner seul tout en réalisant de profondes réformes (actuellement une des faiblesses du PS, c'est d'apparaître sans politique de rechange en cas de rupture de l'union) ;

b) avant les législatives de 1978 et entre les deux tours, l'exercice d'une forte pression interne sur le PC. Il n'est en effet pas sûr que les militants du PC, devenus plus critiques et étant déjà allés assez loin dans la « déstalinisation », continuent à obéir aveuglément ;

c) après la victoire électorale, lors de la mise en œuvre des premiers trains des grandes réformes, une opportunité de gagner au PS une partie de la clientèle traditionnelle du PC, notamment dans les entreprises, etc.

Cette note faisait référence aux articles de Zorza dans le *New York Herald Tribune* et la revue soviétique *Kommunist.* Rentré à Paris, je reçus de Marie-Claire Papegay, l'efficace secrétaire de François Mitterrand, une demande de précision. Je lui écrivis aussitôt :

Chère Marie-Claire,

Comme je vous l'ai dit au téléphone, j'ai laissé mon dossier dans ma maison de campagne. Mais j'ai pu retrouver les références des articles russes dans les New York Herald Tribune *des 7, 8 et 9 septembre 1977 (sous la plume de M. Zorza).*

Voici donc les références :

1. *Il y aurait eu en janvier 1977 plusieurs discussions de haut niveau à Moscou au sujet des alliances des PC occidentaux (France notamment) et de la participation au pouvoir de ceux-ci. Quelques interventions, notamment celle du dur Iouri Krashine (officiel du Parti spécialiste des stratégies des partis communistes occidentaux), ont été publiées.*

Celle de Iouri Krashine a paru tout d'abord dans une publication relativement obscure, La classe ouvrière et le monde contemporain *(destinée aux officiels du Parti et consacrée à la politique internationale).*

2. *L'article a été repris en juillet 1977 dans* Kommunist *qui est le journal idéologique du Parti.*

Ceci revenait à rendre publiques et à approuver les thèses « dures » de Iouri K. Mais quelles sont-elles ?

3. *L'article condamne le « crétinisme parlementaire » ainsi que la croyance naïve que la question du pouvoir peut être résolue par le vote et par des combinaisons parlementaires.*

Le danger de cette stratégie étant que — pour ne pas effaroucher les partis alliés et les électeurs — les PC souscrivent à des programmes minimum et dérivent de ce fait vers le révisionnisme.

Ce qui est proposé, par contre, c'est de remplacer l'alliance électorale par une « alliance dynamique » : cette dernière évite la trop grande conciliation et au contraire cherche le « contraste » des idées et des attitudes au risque de verser dans la confrontation avec les socialistes.

Par la suite, les rapports entre les socialistes et les communistes ne cessèrent de se dégrader, chacun rejetant sur l'autre l'accusation de trahir l'espérance qu'avaient soulevée le programme commun et l'union de la gauche. L'entrée des troupes soviétiques en Afghanistan et l'horreur des combats qui s'y déroulèrent lorsque les Russes essayèrent de mater les résistances afghanes n'arrangèrent rien.

La décision de se présenter

Le 8 août 1980, en vacances dans les Cévennes, j'écrivais à François Mitterrand la lettre suivante. Elle décrivait un cas de figure possible pour le déroulement de la présidentielle et qui conduirait, d'après mes calculs, à sa victoire avec 52 % des voix contre 48 % à Giscard. Le post-scriptum de ma lettre décrivait comment ces 52 % pourraient être atteints.

Valleraugue, le 8.8.80

Cher François,

Espérant que vous passez de bonne vacances, je pense évidemment à vous, alors que je contemple le bas des 4 000 marches[1], *n'osant vraiment pas me lancer dans une ascension — où pourtant je perdrais deux kilos.*

J'ai bien aimé votre interview (par Tatu) dans Le Monde. *Il me semble que les positions que vous prenez :*

— conviendraient bien à la politique étrangère de la France,

— faciliteraient un désistement RPR au deuxième tour

1. Il s'agit d'un sentier qui grimpe à l'Aigoual à partir de Valleraugue.

en votre faveur, en vertu des intérêts supérieurs de la partie (surtout si d'ici là vous développez votre idée de sous-marins nucléaires additionnels),

— permettraient de dire aux électeurs communistes, lors du deuxième tour (au cas où le PC prônerait l'abstention) : « Cette consigne vient de ma fermeté vis-à-vis des Russes. »

En effet, il y a un cas de figure — pour l'élection présidentielle — qui devient de plus en plus plausible :

— un contexte international dans lequel rien n'est réglé,

— une volonté RPR de bloquer la réélection de Giscard,

— la continuation par le PC, de sa politique (entamée en 1977) visant à vous éliminer.

Dans ces circonstances vous pouvez gagner au deuxième tour.

Mais nous reparlerons — si vous le voulez bien — de ceci à Paris lorsque nous nous reverrons, car j'y resterais dans l'attente de la naissance du rejeton[1].

Avec mon affection

Post-scriptum

Voici, en première approximation, des chiffres possibles pour illustrer le cas décrit plus haut :

1er tour : Giscard : 31 ; FM : 25 ; GM : 19 ; RPR : 14 ; Divers : 11

2e tour (avec les hypothèses suivantes)

a) Une campagne « blanc bonnet » du PC qui ne réussit pas bien (c'est quand même difficile pour eux de vous assimiler à Giscard, vous vous faites le champion de la gauche). Leurs 19 % du premier tour se répartissent alors :

1. Mon petit-fils Grégory.

Giscard	*1 %*	*(eh oui ! certains iront jusque-là)*
FM	*11 %*	*(ce sont les voix pour lesquelles vous vous êtes battu constamment).*
Abst.	*7 %*	

b) Éclatement des voix du RPR entre trois positions :

Giscard	*6 %*	*(l'intérêt de classe passent avant !)*
FM	*5 %*	*(ce sont les voix décisives)*
Abst.	*3 %*	

c) Les divers et écolos, par tiers :

Giscard	*4 %*
FM	*4 %*
Abst.	*3 %*

Au total, il y aurait 13 % d'abstention — 45 % FM — 42 % Giscard, ce qui donne en définitive :

FM	*52 %*
Giscard	*48 %*

Lors de ce même mois d'août 1980, Robert Badinter, et sans que nous nous soyons concertés, publiait dans *Le Nouvel Observateur* du samedi 30 août 1980 un article percutant intitulé « Partons gagnants ». Il y explique pourquoi François Mitterrand sera le prochain président. Voici des extraits de cet article :

« PARTONS GAGNANTS »
par Robert Badinter

« [...] Pour quiconque se tient à l'écart de l'action politique et de ses fièvres et s'efforce d'analyser lucidement la situation politique en France, c'est bien la conviction contraire qui s'impose : la défaite de M. Giscard d'Estaing en 1981 est probable, sauf événement imprévisible.

Prenons d'abord ce qui est au cœur de toutes les analyses politiques actuelles : Valéry Giscard d'Estaing sera réélu parce que la gauche comme force politique unie n'existe plus. Ce fait est indéniable. Mais ses conséquences sont exactement contraires à celles qu'on entend en tirer.

Si, en effet, Valéry Giscard d'Estaing a été élu en 1974, ce n'est pas en dépit de l'union de la gauche mais bien à cause d'elle.

[...] L'union de la gauche est défunte. Et même si, par une nostalgie compréhensible, on soupire à gauche après elle, la conjoncture internationale lui interdit de renaître. L'union de la gauche, on le mesure à présent, était un produit de la détente. Dès l'instant où les Soviétiques sont à Kaboul — et où leur puissance militaire paraît l'emporter sur toute autre —, il ne peut plus y avoir d'union de la gauche. Pour la simple raison qu'il ne peut plus y avoir de gouvernement d'union de la gauche où les uns s'opposeraient à l'invasion de l'Afghanistan et les autres l'approuveraient. Or, quelles qu'en soient les formes, la tension internationale déterminera les choix politiques fondamentaux des années à venir.

[...] Ainsi, sous quelque angle qu'on la prenne, la nouvelle donne politique conduit à la probabilité de la défaite de M. Giscard d'Estaing et à la victoire du candidat socialiste. Reste aux socialistes à tirer immédiatement les conséquences d'une situation si favorable, en désignant sans plus tarder leur candidat, en faisant l'union autour de lui, en élaborant aussi un programme qui, destiné à être vécu par des Français qui ne sont pas en majorité socialistes, ne peut être la traduction électorale du « Projet socialiste ». Peut-être est-ce d'ailleurs sur les divisions entre les socialistes et la passion doctrinale de certains d'entre eux que table secrètement M. Giscard d'Estaing pour l'emporter. Nous saurons bientôt si cette espérance à la Frédéric II se révélera fondée. »

La candidature de Michel Rocard

En fait, la « division entre socialistes » à laquelle Robert Badinter fait allusion à la fin de son article concernait une éventuelle candidature de Michel Rocard. Après la déception des élections législatives de mars 1978, Rocard paraissait être, aux yeux de certains, le meilleur candidat de la gauche. Toute une campagne était orchestrée sur le thème d'un François Mitterrand « archaïque », dépassé, malaimé, et d'un Rocard « attirant », qui plaisait aussi bien aux socialistes classiques qu'à la fraction de la gauche qui s'était dérobée au dernier moment lors des législatives de 1978.

Dans un intéressant article du *Monde* du 1er décembre 1978, Roland Cayrol et Jérôme Jaffré[1],

1. Cayrol était chargé de recherches à la Fondation nationale des sciences politiques et Jaffré, directeur des études politiques de la SOFRES.

intitulé « Quel est le meilleur candidat socialiste pour 1981 ? », écrivaient :

> « Au sein des élections de gauche — PC et PS — M. Michel Rocard est désormais le mieux placé...
>
> M. Rocard semble donc — pour le moment, car bien sûr, l'opinion peut évoluer — être en train de distancer son rival... »

Et, après une analyse intéressante des chiffres révélés par les sondages, les auteurs enfonçaient le clou :

> « Il reste qu'il faut bien constater que, au sein de la classe ouvrière, comme de la fraction de la bourgeoisie qui se prononce pour le PS, M. Michel Rocard — peut-être parce qu'il peut jouer tout à la fois sur la différence d'âge avec M. Mitterrand, sur son image “plus à gauche” et sur ses compétences économiques — apparaît aujourd'hui comme un meilleur candidat présidentiel. »

Cette situation, qui prévalait encore lorsque Robert Badinter écrivit son article, n'avait pas évolué lorsque, à l'automne 1980, François Mitterrand, un soir que nous avions dîné ensemble au Balzar, me dit qu'il souhaitait que je rencontre Paul Quilès. Il s'agissait de l'aider à faire réaliser un sondage. François Mitterrand désirait connaître avec exactitude l'opinion des Français les concernant, lui et Rocard, comme éventuels candidats, puis éventuels présidents. J'en ai présenté les résultats dans le bureau que Gaston Defferre occupait à l'Assemblée nationale. Étaient présents, en plus de l'intéressé, Gaston Defferre, Paul Quilès, Pierre Bérégovoy et Jean-Paul Escande, le trésorier adjoint du PS qui m'avait excellemment aidé.

Tel-Aviv : les choix

En décembre 1980, François Mitterrand me demande de l'accompagner à Tel-Aviv où se tenait le congrès du Parti travailliste israélien, pour y parler stratégie de campagne. Nous devions ensuite, avec des amis, prendre des vacances à Jérusalem et Eilat.

À Tel-Aviv, la délégation du PS comportait parmi ses membres Lionel Jospin et Pierre Bérégovoy. C'est durant ce séjour qu'il fit connaître ses choix : il abandonnerait ses fonctions de premier secrétaire, Lionel Jospin lui succéderait à la tête du PS. Pierre Bérégovoy dirigerait la campagne et, notamment, toute la programmation. Pour ma part, je serais chargé de suivre l'opinion publique en rendant compte directement à François Mitterrand, tout en tenant Pierre Bérégovoy régulièrement informé.

François Mitterrand prit également la décision de demeurer quasiment silencieux jusqu'en mars 1981, afin d'éviter de s'user dans une campagne trop longue. C'est à Tel-Aviv que nous eûmes connaissance du premier sondage qui le donnait en tête au second tour contre Valéry Giscard d'Estaing. J'eus beau expliquer que cela signifiait peu de chose, si loin du jour des élections, l'euphorie régna pendant tout le séjour.

On le sentait animé au fond de lui-même par la certitude de l'emporter, d'autant plus qu'à Tel-Aviv, présent au congrès du Parti travailliste, Jean Frydman[1] partageait cette conviction et nous le disait.

Note 1 : la stratégie

La note sur les résultats de ce sondage fut tellement appréciée par François Mitterrand et ses amis qu'il me demanda de prendre en charge les études de l'opinion publique pendant la campagne. L'analyse portait essentiellement sur trois points stratégiques :

— *Le RPR.* Les chiffres montrent clairement les potentialités d'un vote socialiste au deuxième tour.

L'électorat « Chirac » est braqué contre Giscard et souhaite un rapprochement socialistes/gaullistes.

Mais, pour cet électorat, l'image (à cette date) de Mitterrand est nettement plus mauvaise que celle de Rocard.

— *Le PC.* Une fraction large — différents

1. Jean Frydman, homme d'affaires, avait été en 1965 un des dirigeants d'Europe 1. C'est lui qui, avec Siegel, avait organisé, le soir de l'élection présidentielle, l'émission « Estimation Europe 1/IFOP » dont il est fait mention au chapitre 1. Il me connaissait donc comme l'ancien président du CFRO.

chiffres aident à la caractériser — de l'électorat PC votera Mitterrand au deuxième tour.
40 % de cet électorat désapprouverait une consigne d'abstention des dirigeants du PC au deuxième tour.

Il y a donc là un risque potentiel considérable pour le PC.

— *Rocard*. Il a 8 à 10 points de plus que François Mitterrand (à cette date).

La fragilité de cet avantage est analysée.

Je donnais à cette note le numéro 1 d'une série de dix-sept notes que j'écrivis jusqu'au 9 mai 1981. La dernière, indiquant à François Mitterrand que le dernier sondage privé réalisé, le matin du 9 mai, par Jean-Marc Lech de l'IFOP, le donnait gagnant avec 52 % des suffrages.

Note 2 : l'image

La note numéro 2 est consacrée à l'image. En effet, j'étais frappé par le décalage entre le François Mitterrand que j'avais appris à connaître et l'image d'un ambitieux trop habile que se faisaient de lui les gens autour de moi. La presse ne le ménageait pas et évoquait fréquemment l'affaire de l'Observatoire. André Ribaud, dans la « Chronique de la Cour », publiée par *Le Canard enchaîné* du 29 septembre 1965, en avait fait un portrait célèbre et savoureux qui illustrait bien l'idée que l'on s'en faisait couramment :

« C'était un homme entre deux tailles et deux âges, assez d'une figure aimable qui arrêtait avec plaisir les yeux des dames, d'une ambition qui s'appuyait de toutes sortes de talents pour arriver à la plus haute fortune, riche en dons, fertile en vues, en ressources, en ressorts, entreprenant, aussi hardi à changer de front qu'adroit à tirer de biais, maître signalé en artifice, avec extrêmement de valeur brillante et un cœur au-dessus des périls. Il avait fort de l'esprit, mais manégé et parfois si labyrinthé qu'il se perdait dans ses détours et se laissait alors piéger en terrain coupé et raboteux, dans des taillis d'intrigues romanesques, dont il ne sortait qu'avec embarras, quoiqu'il eût d'ailleurs la tête froide et fort capable de tenir tout le soin de l'État. »

La priorité absolue était donc de changer l'image. Pour cela, je lui conseillais, en novembre 1980, de privilégier les aspects :

Terrien : homme de terre, racines paysannes
Force[1] *intérieure : médite longuement, s'isole face à la nature, puise dans l'idéal un surcroît de force*
Volontaire : s'est évadé trois fois, la troisième fut la bonne. Il en sera de même pour les présidentielles.

Dans cette même note, je proposais donc une stratégie de campagne visant l'électorat PC et la fraction gaulliste de la droite.

1. Le mot « force » fait ici sa première apparition dans les thèmes de campagne et l'adjectif « tranquille » dans ma note nº 5 de février 1981.

Morceaux choisis des notes suivantes

La note n° 3 (fin décembre 1980) :

— confirme que la situation de l'emploi est le thème le plus sensible : il faut critiquer davantage le chômage ;
— montre que Giscard est dans un « mauvais âge », trop vieux pour être le fils, trop jeune pour être le père. Il convient donc d'accentuer sur « l'image de père » de François Mitterrand ;
— constate que Giscard obtient, dans la catégorie des électeurs de 65 ans et plus, les deux tiers des intentions de vote : à travailler d'urgence.

La note n° 5 (18 février 1981)

Les sondages donnent 50/50 au deuxième tour alors que, à cette date, la campagne n'a pas encore commencé.

Cette note capitale donne tout de la stratégie à suivre. Il est rétrospectivement amusant de noter que l'on y met en avant :
— le chômage, absurde, qui coûte 100 milliards par an à la nation, génère l'insécurité, démoralise tout le monde
— un « nouveau François Mitterrand », tranquille — pas pressé — bonne humeur
— les critiques de Jacques Chirac sont les plus malcommodes à éluder pour Valéry Giscard d'Estaing.

La note n° 6 (13 mars 1981)

Avant qu'il ne passe à la télévision, je réitère le conseil d'avoir une image de : « fermeté, volonté, tranquillité souriante ».

J'étais moi-même emporté par l'enthousiasme de la campagne, n'ayant jamais participé à aucune lutte politique, à aucune élection. Tout cela était nouveau pour moi. Je m'emballe au point de rédiger un projet d'article que je destine, une fois correctement réécrit, à une éventuelle tribune libre du *Monde* et qui ne sera jamais publié. Je l'intitule : « Pourquoi François Mitterrand ? »

> Comme la plupart des Français, je souhaite que le futur président soit un homme d'expérience, conduise la France avec fermeté face aux épreuves que nous risquons de connaître et surtout ait la volonté de résorber massivement le chômage, cette peste qui dure.
>
> Deux hommes politiques ont manifestement plus d'expérience que les autres : à droite, Giscard, à gauche, Mitterrand.
>
> Pour la fermeté de caractère et la solidité des convictions, deux hommes, là encore, se démarquent : à droite, Debré, à gauche, Mitterrand.
>
> Pour la volonté d'arrêter le chômage, Chirac à droite, Mitterrand à gauche.
>
> Si j'étais un homme de droite, je serais bien embarrassé de choisir mon président car, quel que soit mon candidat, il y en aurait donc deux meilleurs, un pour chacun des deux autres points fondamentaux.
>
> Étant un homme de gauche, je choisis Mitterrand.

À droite, c'est le tiercé dans le désordre, à gauche c'est Mitterrand gagnant, dans l'ordre.

La note n° 7 (20 mars 1981)

Cette note analyse l'impact sur l'opinion publique de l'émission « Cartes sur table » (enquête de l'IFOP).

Le passage de François Mitterrand dans cette émission d'Alain Duhamel a conforté sa crédibilité comme futur président. Ont été appréciés notamment :

— le passage sur la peine de mort ;
— « 3 fois échappé des camps, 3 fois candidat », la troisième est la bonne[1] ;
— révélation : « Il a la carrure d'un président » ;
— on sait maintenant qu'il n'y aura pas de communistes tout de suite après les élections présidentielles.

Les notes suivantes concernaient l'examen des sondages successifs.

Les dernières notes eurent trait au débat télévisé avec Giscard ainsi qu'aux ultimes sondages de l'avant-veille et de la veille des scrutins.

Les scores que je lui avais indiqués comme probables deux mois avant le premier tour furent, à un point près, ceux effectivement réalisés par les quatre principaux candidats, Giscard, Mitterrand, Chirac, Marchais. Quant aux votes décisifs des électeurs PC et des gaullistes, ils furent conformes aux pronostics que j'avais élaborés et aux chiffres avancés dans ma lettre de juillet 1980, écrite à Valleraugue.

1. Jacques Chirac aurait pu dire la même chose en 1995.

Un conseiller technique

Ma nomination à l'Élysée s'est passée simplement : je suis chez moi, allongé sur le canapé vert amande du salon, écoutant un disque de Ravi Shankar, pour une sieste d'après déjeuner. Intérieurement, j'attends quelque chose, je ne sais quoi, mais je sens que le moment est important pour ma destinée. Ce sentiment est confus, sans forme, très fort, une sorte d'appréhension, presque une nausée, face à l'inévitable. Et pourtant, cette attente est sur fond de joie. Hier, François Mitterrand a pris ses fonctions. Avec quelques amis nous étions à l'Étoile lorsqu'il est venu s'incliner sur la tombe du soldat inconnu. Il faisait particulièrement froid. Bien que grelottant, j'étais transporté de joie par cette scène — encore incroyable au début du mois : François Mitterrand, président de la République, sous l'Arc de triomphe, entouré d'amis socialistes venus du monde entier.

Puis j'ai vu la cérémonie du Panthéon à partir du balcon de Laurent Fabius avec quelques-uns de ceux qui firent la campagne, dont Fabius, Badinter, Quilès. En voyant François Mitterrand déboucher du haut de la rue Soufflot pour s'approcher du Panthéon, suivi par une marée humaine, l'orchestre jouant l'*Hymne à la joie* de Beethoven, l'émotion nous a tous saisis. L'épouse de Quilès pleure et se serre contre moi... Le téléphone sonne qui interrompt mes rêveries. C'est André Rousselet[1].

1 André Rousselet, ami de François Mitterrand, venait d'être nommé directeur de cabinet du président de la République. Plus tard, il sera président d'Havas, créera Canal + et en fera un succès étonnant.

— Charles, François veut te voir. Peux-tu venir maintenant ?

— Oui.

— Très bien, arrive, je serai dans son bureau.

Quelques instants plus tard, je pénètre dans la cour d'honneur de l'Élysée. Sur le perron, un huissier en frac, avec une lourde chaîne autour du cou, me conduit au premier étage dans le bureau du président. François Mitterrand est assis derrière un immense et lourd bureau, couvert de dorures, dont je saurai par la suite que c'était celui du général de Gaulle. André Rousselet, qui était debout derrière le président, se dirige vers moi, me serre la main en silence et me fait asseoir en face du président. Il me sourit et continue à corriger un papier avec son gros stylo que je connais si bien pour l'avoir vu l'utiliser à Massevaques lorsqu'il écrivait ses chroniques hebdomadaires de *L'Unité,* sur la table de la cuisine, après en avoir écarté la cueillette des cèpes.

Le président finit ses corrections, passe le papier à André Rousselet et me dit qu'il souhaite que je vienne à l'Élysée m'occuper de l'opinion publique et des sondages. J'accepte. *Alea jacta est.*

Robert Badinter, garde des Sceaux

Le premier bonheur que m'apporta ma nomination à l'Élysée fut de contribuer — modestement, mais efficacement — à la nomination de Robert Badinter. J'avais une grande estime pour ce compagnon de jeunesse et, si j'étais à l'Élysée, n'était-ce pas dû au fait qu'à un instant particulier il avait aiguillé François Mitterrand sur moi ?

Dans le premier gouvernement Mauroy, François Mitterrand était convenu de nommer Maurice Faure, garde des Sceaux. Lorsque, après la victoire du 10 mai, il avait demandé à Robert Badinter quel ministère celui-ci souhaitait, il s'était entendu répondre : la Justice. Aucun autre poste n'intéressait Robert Badinter et ils parlèrent d'autre chose. Après la dissolution de juin 1981, Maurice Faure ne souhaitait pas être reconduit, le nouveau gouvernement Mauroy, avec quatre ministres communistes, était en train de se boucler lorsque le président me fit venir dans son bureau vers 15 heures :

— Charles, on me dit[1] que Robert Badinter souhaiterait être ministre de la Justice. Est-ce vrai ? Je n'arrive pas à le joindre. Vous qui le connaissez bien, demandez-lui. J'ai besoin que vous me donniez la réponse avant 18 heures car la composition du gouvernement sera annoncée ce soir.

J'eus beaucoup de mal à contacter Robert Badinter au téléphone, mais avant l'heure fatidique, je pus confirmer sa disponibilité au président. Si je n'avais pas pu le toucher à temps, peut-être que la peine de mort serait encore en vigueur en France. Robert Badinter fut un excellent ministre de la Justice. Il aura durablement contribué à la gloire de la gauche au pouvoir. De plus, le rôle majeur que le Conseil constitutionnel joue dans la vie politique française a résulté en partie du fait qu'il en a été le président avisé pendant neuf années cruciales.

1. J'ai appris plus tard que c'était Paul Guimard et Régis Debray qui étaient intervenus dans ce sens.

Huit ans d'Élysée

Je suis resté huit ans au même poste. J'ai assisté à bien des événements, j'ai vu bien des crises se nouer et puis s'estomper. La confiance constante de François Mitterrand a fait de moi un observateur privilégié. Dans le chapitre suivant je décrirai ce que j'ai su de la façon dont la gauche a traité la question de l'économie, des choix faits et dont les conséquences conditionnent la situation actuelle de la France, en 1996 : chômage, exclusion, jeunesse désorientée, dont le quart n'a jamais eu d'emploi, population coupée en deux, hésitante sur l'Europe, entreprises publiques pliant sous les dettes.

3

LA QUESTION ÉCONOMIQUE ET LA GAUCHE

Prélude. Le débat au sein du nouveau Parti socialiste (1978-1980). Jean-Pierre Chevènement contre Michel Rocard – Acte I. La campagne présidentielle de 1981 et le choix de François Mitterrand – Acte II. Les premières mesures : l'illusion de la relance (1981-1982) – Acte III. La rigueur de Jacques Delors et Pierre Mauroy : parenthèse ou nouvelle politique ? (1982-1983) – Acte IV. Les visiteurs du soir : l'échec de Jean Riboud (1983) – Acte V. Laurent Fabius, Premier ministre (1984-1986) – Acte VI. Institution progressive d'une politique européenne et du franc fort (1986-1988 et 1988-1993) – Épilogue. La campagne Jacques Chirac à la présidentielle de 1995 contre Édouard Balladur.

Durant le premier septennat une partie de l'électorat socialiste s'est progressivement éloignée parce que la politique économique suivie a été impuissante à éliminer le chômage, ainsi que ses conséquences désastreuses.

C'est une tragédie qui se confond avec l'histoire de la prise, puis de la perte du pouvoir par la gauche : François Mitterrand est élu en 1981 notamment parce qu'il fait espérer aux Français que les mesures économiques de son projet, intitulé « Les 110 propositions », permettraient de résorber le chômage, alors — au niveau jugé insupportable — de 1 800 000 chômeurs. Pour l'opinion, Valéry Giscard d'Estaing et Raymond Barre en portaient la responsabilité. Symétriquement, douze ans plus tard, le gouvernement de Pierre Bérégovoy sera écrasé lors des élections législatives de 1993, parce que la France comptera alors plus de 3 millions de chômeurs.

Comment et pourquoi la gauche a-t-elle ainsi déçu ? À quels moments et pour quelles raisons furent prises les décisions qui aboutirent au doublement du nombre de chômeurs ? À ces questions, le présent chapitre essaie de répondre. Je fus témoin de certains des moments principaux de cette histoire.

Une vraie tragédie classique à la française comporte cinq actes. Celle-ci s'est déroulée en six actes avec prélude et épilogue.

Prélude
Le débat au sein du nouveau Parti socialiste (1978-1980). Jean-Pierre Chevènement contre Michel Rocard

Il convient de resituer la question économique à son origine, c'est-à-dire au conflit d'idées entre deux ailes du Parti socialiste, le Céres mené par Jean-Pierre Chevènement, opposé aux sociaux-démocrates regroupés derrière Michel Rocard et Pierre Mauroy. Jean-Pierre Chevènement propose, en plus des nationalisations, de grandes réformes, ce qui exige de placer la France à l'abri des contraintes extérieures, de décrocher le franc du système monétaire européen et d'adopter un certain protectionnisme ciblé de façon à protéger les industries clefs de la nation. Les sociaux-démocrates, au contraire, veulent le respect des grands équilibres et du marché, la défense du franc, la fin de l'inflation, ce qui conduit à adopter un rythme plus lent pour la réalisation des réformes[1]. Longtemps François Mitterrand, qui était dépourvu de culture

1. Il est assez significatif de constater que la campagne présidentielle de 1995 a vu s'affronter ces deux mêmes thèses entre Philippe Séguin et Édouard Balladur.

économique et qui se déterminait en ces matières par instinct politique, a refusé de choisir et a emprunté des idées à chacune de ces thèses pourtant contradictoires.

Lorsque s'ouvre le congrès de Metz le 8 avril 1979, après une belle victoire aux élections cantonales où le PS a fait 27 % des voix, François Mitterrand est menacé par Michel Rocard, allié de Pierre Mauroy. Ensemble, ils proposent la motion C. Le discours de Michel Rocard est simple : la victoire électorale dépend de la crédibilité du PS à gouverner. Seul un programme résolument social-démocrate peut convaincre, comme en Allemagne, en Angleterre et en Suède. Dans *Le Poing et la Rose*, l'organe du PS, Rocard écrit :

> « Épinay[1] n'avait pas tout prévu. Épinay n'avait pas prévu la volonté de rupture du Parti communiste français. Et puis, Épinay n'avait pas prévu la crise, le chômage gigantesque, le désordre monétaire mondial, les fantastiques conséquences sociales de la révolution technologique [...].
>
> Sont apparues parmi nous deux logiques différentes [...].
>
> L'une est très centrée sur la capacité exclusive de l'appareil d'État et des solutions administratives à relever tous les défis et à régler tous les problèmes.
>
> Et cela se comprend, c'est une des grandes

1. Le congrès d'Épinay avait vu la refondation du PS sous l'autorité de François Mitterrand avec pour ligne politique « Union de la gauche » et sa traduction à travers un programme commun de gouvernement.

> dimensions de la tradition socialiste. Mais elle entraîne des conséquences :
>
> La première est une méfiance extrême devant la dimension européenne du champ des luttes et par conséquent une tentation de repli[1] [...].
>
> L'autre logique [...] se veut d'ouverture internationaliste, autogestionnaire. »

Jean-Pierre Chevènement et le Céres soumettent aux militants la motion E, ambitieuse, volontariste, dirigiste même, dont la traduction électorale sera : « Vivre, travailler, décider au pays. » Jean-Pierre Chevènement, énarque imprégné du socialisme historique de la SFIO, hissé, jeune encore, dans le cercle des dirigeants par Guy Mollet (avec un groupe d'amis dont faisait partie Alain Gomez, le futur et talentueux patron de Thomson), admirateur de la Commune et du Front populaire, est un « gaullo-marxiste ». Il pense que la France doit retrouver la croissance des années 60. Il veut la mise en œuvre du programme commun de gouvernement et considère que l'on ne pourra rien faire sans les communistes. Ses thèmes sont : la relance de la croissance, la reconquête du marché intérieur, la protection des industries nationales vitales, une méfiance vis-à-vis des États-Unis et de ses alliés européens.

L'intervention décisive au congrès de Metz fut celle de Laurent Fabius qui soutenait la motion A des mitterrandistes. S'adressant à Michel Rocard, il

1. On retrouvera ce dilemme plus tard lorsque Jean Riboud prônera une « autre politique économique » au risque de quitter le Système monétaire européen.

lui lance à peu près ceci : « Entre le plan et le marché, il y a le socialisme. »

Négocié en coulisse, le vote du Céres fit basculer la majorité en faveur de François Mitterrand. Les sociaux-démocrates avaient perdu la bataille. Mitterrand devait faire une place au Céres. Il confiera à Jean-Pierre Chevènement le secrétariat aux études. Autour de lui se regroupèrent des cadres du PS que l'on retrouvera après mai 1981, et notamment Jacques Fournier, futur secrétaire général adjoint à l'Élysée, Nicole Questiaux, ministre des Affaires sociales du gouvernement Mauroy, Louis Gallois, directeur de cabinet de Jean-Pierre Chevènement, ministre de la Recherche et de la Technologie.

François Mitterrand me proposa alors de faire partie de ce groupe pour me charger du Plan. Après la première réunion, gêné par le marxisme ambiant et la prééminence accordée au programme commun, je décidai de ne plus y venir. Ces études aboutirent à la rédaction d'un « Projet socialiste ». Les objectifs sont : plein emploi, croissance, réduction des inégalités. Les moyens : nationalisations, investissements industriels, développement de l'informatique, réforme fiscale, extension des droits des travailleurs, décentralisation. Ce projet sera diffusé en livre de poche au printemps 1980. Les rocardiens s'émeuvent puis réagissent : la « deuxième gauche » s'affirme en s'opposant.

Acte I
La campagne présidentielle de 1981 et le choix de François Mitterrand

J'ai décrit plus haut la campagne présidentielle de 1981 et n'y reviendrai pas ici. Philippe Bauchard a consacré à l'aspect économique de cette campagne une remarquable description dans son livre *La Guerre des deux roses.*

Le trait saillant en est que François Mitterrand décide de ne pas reprendre, tel que, le « Projet socialiste » et rédige son programme personnel « Les 110 propositions ». Il met en avant, dès février 1981, Jacques Delors, tout auréolé des mesures « Nouvelle Société » de Jacques Chaban-Delmas et avocat de la « deuxième gauche » et des sociaux-démocrates.

Valéry Giscard d'Estaing comprend la menace. Dans une de ses dernières interventions du second tour de l'élection, à la télévision, il brandit devant les téléspectateurs la brochure du « Projet socialiste » (œuvre de Jean-Pierre Chevènement) et dénonce la ruine programmée des personnes âgées, des cadres, des épargnants, des propriétaires. Ce même soir, dînant, avec moi, chez mon épouse Monique, François Mitterrand, pris d'une rage froide, dit qu'il traitera à la télévision Valéry Giscard d'Estaing de menteur. Je suis atterré. Ne risque-t-il pas, par cet esclandre, de renverser au dernier instant une opinion qui lui est favorable, notamment parce qu'il ne faisait plus peur ? Les derniers sondages de l'IFOP lui donnent la victoire avec 52 %. Or, je sais, par l'analyse de ces sondages, combien la marge est fragile : cette marge vient pour l'essentiel d'électeurs gaullistes du premier tour. Un rien peut les faire revenir à un vote de classe. Mais François Mitterrand ne m'écoute pas, il est furieux parce que Valéry Giscard d'Estaing a mis le doigt sur l'ambiguïté entre la ligne sociale-démocrate de Delors privilégiée par tactique politique et la ligne dure des experts du Céres.

Effectivement le lendemain à la télévision, François Mitterrand attaque très brutalement Valéry Giscard d'Estaing. Mais, heureusement, personne n'écoute plus. Les jeux sont faits.

Acte II
Les premières mesures : l'illusion de la relance (1981-1982)

Dès le lundi 11 mai, au lendemain de la victoire de François Mitterrand, la Bourse baisse de 15 % et les sorties de capitaux s'accélèrent.

Durant le week-end qui suivit je rencontrai le nouveau président à la campagne chez Robert Badinter. J'eus le sentiment que quelque chose d'indéfinissable avait changé en lui et ne le revis plus jusqu'au jour de sa prise de fonction.

Convié ce 21 mai dans la salle des fêtes de l'Élysée à un déjeuner par petites tables, je m'étais assis avec trois des compagnons de cette campagne : Robert Badinter, Laurent Fabius, Jean Riboud. À notre table il y avait également une jolie jeune femme que je ne connaissais pas, Anne Sinclair, à qui je souriais beaucoup. Cette inconnue deviendra une star de la télévision et sera parfois même classée en tête des femmes les plus populaires de France.

Lors de ses deux premières réunions, les 3 et 10 juin, le Conseil des ministres arrête les grands choix préparés par l'équipe Fournier-Questiaux du Céres :

— Augmentation de 10 % du salaire minimum, de 20 % de l'allocation vieillesse, de 25 % des allocations familiales
— Création de 54 000 emplois nouveaux dans le secteur public
— Pacte pour l'emploi assorti d'aides aux entreprises
— Ouvertures de négociations sur la réduction du temps de travail.

François Mitterrand reste déterminé à refuser la dévaluation ainsi que la sortie du Système monétaire européen (SME).

Pour ma part, je commençais à être mal à l'aise, redoutant un dérapage de l'économie.

En juillet 1981, les contacts que je pouvais avoir dans les entreprises avec les cadres dirigeants de la société civile m'ont inquiété. Ils révélaient un certain désarroi dont je craignais qu'il ne vire rapidement à l'hostilité. Aussi, je pris l'initiative d'une enquête d'opinion « qualitative » auprès de cadres de grandes sociétés et de patrons de PME. J'en confiai la réalisation à deux excellents conseils d'entreprise : Florence Vidal, professeur à l'ENA et Alain Perles, professeur à l'université Paris-Saint-Denis. Cette enquête confirmait, hélas, mes inquiétudes. Elle détaillait les causes de l'hostilité à l'égard de la gauche qui s'installait chez les patrons, ainsi que leur méfiance vis-à-vis des instances représentatives patronales. Or, sans eux, la relance de l'économie, donc la résorption du chômage ne pouvaient réussir. Pouvait-on encore les gagner à la cause du changement et de la modernisation ? Je rédigeai, le 5 août, une note au président de la République en le mettant au fait des résultats de l'enquête, des huit souhaits prioritaires des patrons de PME. Cette note comportait l'annexe suivante :

Ce que demandent principalement
les dirigeants des PME aux Pouvoirs publics :

1. Que les règles du jeu économique soient clairement définies.

2. Que l'image du dirigeant d'entreprise dans le public soit rehaussée, en particulier que son rôle économique (création de richesses, résorption du chômage, etc.) soit mis en valeur dans les discours publics.

3. Qu'une concertation réelle soit enfin établie, tant pour les réformes à l'étude que de façon permanente pour toutes les questions courantes.

Cette concertation implique la création de structures adéquates et efficaces, où la représentativité des PME — milieu particulièrement hétérogène — serait correctement assurée.

Les dirigeants ne se reconnaissent pas forcément dans ceux qui parlent aujourd'hui en leur nom.

4. Un effort soutenu et permanent de « débureaucratisation », s'accompagnant de

mesures visant à améliorer les rapports entreprises-administration, dans tous les domaines : fiscalité, crédit, réglementation sociale, statistiques, etc.

5. Des mesures d'ordre financier :
   - aide à la reconstitution des fonds propres des PME ;
   - accélération des règlements de l'État et des grandes entreprises ;
   - desserrement de l'« étau bancaire » ;
   - réforme de la taxe professionnelle.

6. Des aides à la création d'entreprises et au financement de la modernisation des outils de production :
   - financement ;
   - fiscalité et parafiscalité ;
   - embauche ;
   - informations juridiques et administratives.

7. Des mesures favorisant l'embauche (ex. : déplafonner les seuils).

8. Des mesures visant à protéger la sous-traitance.

Suite à cette note, François Mitterrand, au début du mois d'août 1981, me demanda de préparer une lettre d'instruction à Pierre Mauroy dans le sens de l'apaisement. Après un aller-retour assez rapide entre lui et moi, s'inspirant de mon projet, il envoya le 11 août 1981 une lettre au Premier ministre avec copie à Jacques Delors, ministre des Finances, Pierre Dreyfus, ministre de l'Industrie et au secrétaire d'État, André Delelis. Voici cette lettre capitale :

LE PRÉSIDENT DE LA RÉPUBLIQUE

Paris, le 11 août 1981

Monsieur le Premier Ministre,

Le Gouvernement devra certainement prendre d'ici peu des mesures en faveur des entreprises petites et moyennes.

Il ressort des diverses consultations, observations et enquêtes menées récemment que les dirigeants de ces entreprises attendent que :
— les règles du jeu économique soient clairement définies ;
— l'image du dirigeant d'entreprise dans le public soit rehaussée, en particulier que son rôle économique (création de richesses, résorption du chômage, etc.) soit mise en valeur dans les discours publics ;
— une concertation réelle soit établie, tant pour les réformes à l'étude que de façon permanente pour toutes les questions courantes.

Cette concertation impliquant la création de structures adéquates et efficaces, où la représentativité des PME — milieu particulièrement hétérogène — serait correctement assurée, les dirigeants ne se reconnaissant pas forcément dans ceux qui parlent aujourd'hui en leur nom ;
— un effort soutenu et permanent de « débureaucratisation » s'accompagne de mesures visant à améliorer les rapports entreprises-administration, dans tous les domaines : fiscalité, crédit, réglementation sociale, statistiques, etc. ;
— des mesures d'ordre financier soulagent les trésoreries ;
• aide à la reconstitution des fonds propres des PME ;

• accélération des règlements de l'État et des grandes entreprises ;
• desserrement de « l'étau bancaire » ;
• réforme de la taxe professionnelle ;
— la création d'entreprises et le financement de la modernisation des outils de production soient aidés, l'embauche favorisée par le plafonnement des seuils, la sous-traitance protégée.

Depuis longtemps les dirigeants des PME se sentent coupés du pouvoir politique, souvent ignorés, rarement consultés. Dès lors, apaiser l'inquiétude et gagner leur confiance est pour beaucoup une question de psychologie.

Maintenant de grandes réformes lancées par le gouvernement — régionalisation, nationalisation du crédit et de quelques grands groupes industriels — créent des opportunités nouvelles pour les PME, il faut convaincre leurs dirigeants de les saisir et dire clairement notre intention de les y aider, par :

— des mesures concrètes, prenant effet dans des délais brefs ;
— la mise à l'étude de mesures à plus longue échéance, touchant aux questions de fond. À ces études doivent participer activement les PME, à travers des organismes représentatifs nationaux et régionaux renforcés ou à créer.

Ces actions donneront l'occasion de valoriser l'image des responsables d'entreprises et cela nous sera naturel car le socialisme a toujours voulu favoriser l'épanouissement de l'homme, notamment par les prises de responsabilité dans la vie économique.

Il conviendra également d'affermir auprès des dirigeants des PME la crédibilité de la politique économique du gouvernement en leur faisant comprendre le sens profond de nos réformes, et plus particulièrement :

— justifier les nationalisations surtout les effets induits : entraînement de l'économie, accroissement des investissements, aide au développement de l'innovation, etc. ;

— montrer que la régionalisation sera utile aux PME ;

— préciser et expliquer la politique de lutte contre le chômage ;

— expliquer en quoi le soutien aux petites entreprises en difficulté de trésorerie est d'intérêt national ;

— réfuter l'amalgame entre socialisme et bureaucratie et annoncer un effort soutenu de débureaucratisation des rapports « entreprises/administration » ;

— faire bien connaître les modèles socialistes étrangers et notamment les expériences autrichienne et suédoise dans leurs rapports avec les PME et l'emploi.

Et puis, il faut que les PME visent l'avenir. L'innovation étant un champ privilégié pour l'initiative créatrice individuelle, je souhaite que soient nombreux les créateurs d'entreprises dans les domaines de technologie nouvelle.

Pour inciter des personnes à tenter l'aventure de la création d'entreprise, on développera de légitimes incitations applicables aux cas des technologies nouvelles à risque.

Je pense que le ministre de l'Industrie pourrait à cet égard constituer un groupe de travail étudiant et proposant l'adaptation à l'environnement français de quelques mesures incitatives telles que :

— l'option d'achat d'actions pour les créateurs d'entreprises et leur principal personnel technique ;

— l'allégement de la fiscalité lors de la première vente des actions et parts de fondateurs ;

— la garantie de réembauche par l'organisme de recherche (public ou privé) d'où vient le créateur.

Je vous prie d'agréer, Monsieur le Premier Ministre, l'expression de ma haute considération.

François MITTERRAND

L'expression « lettre morte » convient bien à décrire la suite qui y fut donnée par la technostructure.

J'appris ainsi que convaincre le président était insuffisant si l'on se trouvait à contre-courant de la pensée à la mode.

Ce fut ma première rencontre avec le « politiquement correct ». Il y en eut d'autres, hélas ! Les chefs d'entreprise, surtout des PME, basculeront dans le pessimisme. Les mesures sociales prises durant l'été 1981, les nationalisations annoncées, les lois Auroux en préparation, le rétablissement à l'automne du 1 % sur les salaires de la cotisation maladie, supprimée par Raymond Barre en février 1981 et qui ponctionne 6 milliards de plus sur les entreprises, l'impôt sur les grandes fortunes. Tout cela y contribuera. La première conséquence en fut le blocage des embauches.

Le 16 novembre 1981, un sondage de la CGPME (Confédération générale des petites et moyennes entreprises) montre que :

— 83 % n'envisagent pas d'embaucher dans les six mois.

— 56 % n'ont pas l'intention d'investir.

Ainsi, il a manqué, entre août et novembre, une action psychologique auprès des PME.

Acte III
La rigueur de Jacques Delors et Pierre Mauroy : parenthèse ou nouvelle politique ? (1982-1983)

On a vu que l'objectif premier de la gauche était de vaincre le chômage. Pour cela, il fallait un retour à la croissance. Afin de relancer l'activité économique, on donna un coup de fouet à la consommation populaire par la hausse substantielle des bas salaires et des prestations sociales. Si les ménages achetaient davantage, la production et l'investissement résultant entraîneraient la croissance et l'emploi.

Le gouvernement croit les experts[1] qui prédisent une reprise internationale au début de 1982. Il apparaît possible de l'anticiper de quelques mois par des mesures expansionnistes prises dès l'été 1981. En 1952 Antoine Pinay avait gagné un pari analogue en misant sur la reprise qui advint effectivement quelques mois plus tard. En 1981 la gauche perd son pari car la crise internationale s'intensifie. Le 15 septembre, Mauroy proclame à l'Assemblée nationale : « Nous refusons la résignation face à la montée du chômage » et dévoile les grandes lignes de son « plan emploi » :

1. L'OCDE prévoit, après le ralentissement dû au choc pétrolier de 1979, une croissance moyenne de 2 % des économies occidentales en 1982.

Même son de cloche à la CEE, à l'INSEE et à la direction de la prévision du ministère de l'Économie et des Finances.

— réduction de la durée du travail visant les 35 heures en 1985 ;
— aides financières aux entreprises qui pratiqueront cette réduction ;
— abaissement de l'âge de la retraite à 60 ans ;
— extension du travail à temps partiel ;
— aides aux entreprises qui embauchent, et
— last but not least, les nationalisations[1].

Rien n'y fit. Il y avait en mai 1981 environ 1,8 millions de chômeurs, il y en aura 12 % de plus un an plus tard : 2 millions en mai 1982. Et pourtant, Laurent Fabius, ministre délégué au Budget, inspiré par les idées de Keynes, ne lésine pas sur le déficit budgétaire, supposé relancer la croissance et maintenir la stabilité de la pression fiscale globale, pour ne pas entraver la consommation. Il présente le 30 septembre son projet de loi des Finances pour 1982 : la progression des dépenses publiques, de près de 30 %, va permettre l'embauche de 200 000 fonctionnaires supplémentaires. Il affirme par le Budget les nouvelles priorités du gouvernement : 500 % d'augmentation pour la recherche, 100 % pour la culture et le travail, 40 % pour le logement, 30 % pour la justice.

La préparation de ce budget keynésien de Laurent Fabius a été faite sans Jacques Delors, pourtant ministre des Finances et de l'Économie, qui déjà prône la prudence tant que se poursuit la crise économique du monde occidental.

Le 4 octobre 1981, dans le cadre d'un réaménagement des parités au sein du SME, le franc est

1. Il ne sera pas question ici des nationalisations, ce sujet ayant déjà été abondamment traité, analysé et commenté.

dévalué de 8,5 % par rapport au Mark. Le 7 octobre, lors d'un Conseil des ministres, Jacques Delors propose de corriger le Budget par la suppression, ou le gel, de 25 milliards de francs. Il est seul face à Pierre Dreyfus, Louis Mexandeau, Anicet Le Pors, Charles Fiterman, Jean-Pierre Chevènement et évidemment Laurent Fabius.

Le 29 novembre, il profite d'un passage à la radio (RTL) pour avertir l'opinion publique : « Mon opinion personnelle est claire : il faut faire une pause dans l'annonce des réformes, mais en revanche mener à bien celles qui ont été décidées. »

Un tollé général à gauche accueille le mot « pause ». C'est en effet évoquer 1936 lorsque Léon Blum fut contraint, pour des raisons économiques (et le « mur d'argent »), de faire la pause qui a marqué la fin des illusions du Front populaire. François Mitterrand est furieux, mais il profite le 8 décembre du centenaire de HEC (en s'inspirant de ma note et de sa « Lettre à Pierre Mauroy », restée sans effet jusqu'alors), pour essayer de convaincre patrons et cadres de coopérer.

« Les chefs d'entreprise et les pouvoirs publics ne doivent pas être adversaires, ils doivent être des partenaires. »

On retrouvera ces accents dans le très important discours de Figeac associé au thème « La France qui gagne ». Dans la foulée, Pierre Mauroy et François Mitterrand, à la suite d'une dizaine de rencontres en tête à tête, concluent un pacte secret avec Yvon Gattaz.

Le gouvernement fixe la réduction de la durée du travail à 39 heures en abandonnant ainsi l'objectif des 35 heures.

La situation monétaire continue à se dégrader. Un soir à un dîner chez moi, Laurent Fabius nous dit, à Robert Badinter, Paul Guimard, Régis Debray et moi-même : « Si l'on continue comme cela on ira dans le mur avant l'été. » Le vent a tourné, Delors n'est plus seul. Pierre Mauroy est poussé par Jean Peyrelevade et Henri Guillaume. En accord à l'Élysée avec François Stasse — sans en tenir informé Jacques Attali ni Pierre Bérégovoy —, il remet le 28 mai une note capitale au président, avec copie à Jospin, premier secrétaire du PS, à Joxe, président du groupe parlementaire PS et à Delors. C'est un plan de rigueur : dévaluation, blocage des prix et des salaires, amputations budgétaires.

Mitterrand, qui veut réussir le sommet de Versailles et convaincre ses partenaires de stimuler l'économie des grands pays occidentaux par une relance concertée, attendra pour se décider que le sommet se termine. C'est à Versailles, dans les salons qui mènent à la Galerie des glaces, qu'il donne enfin le feu vert pour la rigueur à Pierre Mauroy. Mais il ne veut ni faire désespérer des réformes promises, ni tourner le dos aux idéaux du socialisme, ni donner prétexte aux communistes de rompre l'union de la gauche.

Aussi va-t-il modifier la politique économique comme s'il s'agissait d'une parenthèse et sans changer le discours. Lors de la conférence de presse à l'Élysée du 9 juin 1982, devant trois cents journalistes, le président dit :

« Nous entrons maintenant dans la deuxième phase de notre action, mais nous gardons les mêmes objectifs [...]. Après tout, pour ceux qui font le Tour de France, lorsqu'ils font la première étape

— c'est généralement avant la deuxième — et lorsqu'ils font la deuxième étape ils continuent à tendre vers le but initial, c'est-à-dire celui de la victoire. Ils vont tous dans la même direction, ensemble même si cette direction suppose, d'une étape à l'autre, un changement de profil des étapes. Là c'est la plaine [...], là c'est la montagne, mais cela n'empêche pas qu'ils soient tendus vers le même but. »

J'étais assis au deuxième rang et je scrutais son visage. Il était blême. Le silence était total. Tout le monde était suspendu à l'annonce du contenu de cette deuxième phase. Des thèmes nouveaux sont alors martelés : « restructurer notre industrie », « priorité à l'investissement et à l'innovation », « développer le capital à risque », « maîtriser le budget de l'État et la Sécurité sociale », « pas de nouveaux impôts ».

Dès le lendemain, 10 juin, Michel Rocard écrivit dans *Le Nouvel Observateur* : « Voici venue l'heure de la rigueur socialiste. »

À partir de là, tout va aller très vite : le 12 juin, à Bruxelles, réaménagement monétaire du SME. Le franc perd 9,75 % par rapport au Mark. Le 13 juin, un dimanche, un Conseil des ministres adopte le plan de rigueur de Pierre Mauroy et le blocage des prix et des salaires pour quatre mois. Le 16 juin, au Conseil des ministres, François Mitterrand avertit : « Si nous échouons dans cette deuxième phase, une troisième pourrait nous conduire à sortir du SME. » Les tenants d'une « autre politique » peuvent se mettre au travail. Mitterrand a mis un deuxième fer au feu.

Acte IV
Les visiteurs du soir : l'échec de Jean Riboud (1983)

Ce deuxième fer au feu consiste en une autre politique qui lui est proposée par Jean Riboud.

François Mitterrand le connaît depuis la Libération. Jean Riboud est président de Schlumberger, une multinationale qui domine le marché de l'exploration pétrolière. Sous la direction de ce Français, Schlumberger a connu une progression exceptionnelle. L'action est une des favorites de Wall Street. Jean Riboud est un être séduisant, non conformiste, particulièrement doué pour la maîtrise de la puissance. Lui et François Mitterrand se fascinent mutuellement.

Pendant la campagne de 1981, par ses amitiés chez les démocrates, les hommes d'affaires et les journalistes américains, Jean Riboud a tenté de lui faciliter l'accès outre-Altantique. Et puis, Jean Riboud a l'ambition de servir son pays, et rêve d'un destin à la Pompidou. Il déteste l'« establishment français », les énarques, les inspecteurs des Finances, les hauts fonctionnaires du Trésor qu'il juge sclérosés et bouffis de suffisance. On dit que, résistant, ancien déporté, il a survécu dans les camps grâce à la protection des communistes, déportés comme lui. Il a conservé son admiration pour la générosité, le courage et l'altruisme de ses compagnons de souffrance. Il méprise les membres de la classe dirigeante ainsi que les bourgeois français qui se sont vautrés à Vichy. Connaissant parfaitement bien le milieu des grandes affaires internationales, il croit à la modernité, à l'intelligence, au volontarisme. Très vite, un des premiers, il a su que François Mitterrand serait élu en 1981 contre Giscard qui incarne tout ce qu'il déteste.

J'avais fait sa connaissance en février 1981. François Mitterrand m'avait envoyé le voir pour lui exposer mes analyses de sondages. Jean Riboud m'avait convié à déjeuner dans la salle à manger privée, voisine de son bureau de président au siège de Schlumberger, rue Saint-Dominique. Il m'a interrogé sur mon passé, mes travaux, les sondages, puis il me dit à peu près ceci :

« Oui, François Mitterrand va gagner. Mais pour quoi faire ? Si c'est pour écouter Delors et faire comme Barre, alors la France aura perdu une chance, ultime, de se moderniser et elle disparaîtra de la scène des grands en se fondant dans un magma libéral européen. »

Pour lui, il importait que François Mitterrand, dès son accession au pouvoir, marquât la rupture avec le conformisme ambiant[1]. Il préconisait deux mesures fortes : investir massivement pour moderniser l'appareil industriel français et passer immédiatement à la semaine de 35 heures. On ferait ainsi disparaître instantanément une partie du chômage et on se préparerait à digérer les gains de productivité résultant de la modernisation de l'outil de production. Jean Riboud évoquait Lénine : « Le socialisme, c'est la révolution plus l'électricité » et le Front populaire : « Les 40 heures et les congés payés ».

1. À cette époque, on ne disait pas encore « la pensée unique ».

À sa demande, j'organisai, à quelque temps de là, une rencontre entre son conseiller et ami, Jean Axel et Pierre Bérégovoy qui coordonnait les propositions de campagne de François Mitterrand. Jamais je n'oublierai le plaidoyer passionné et remarquablement construit d'Axel en faveur du passage immédiat aux 35 heures concentrées sur quatre jours ouvrables, puis, si le chômage n'en était pas suffisamment résorbé, 32 heures sur quatre jours. Pierre Bérégovoy en fut également impressionné[1].

Je vis Jean Riboud encore quelques fois pour le tenir au courant de la campagne, mais il était le plus souvent aux États-Unis. Il se fit un devoir d'être présent au déjeuner à l'Élysée le jour de l'intronisation de François Mitterrand. Il était assis à la même table que Laurent Fabius, Robert Badinter, Anne Sinclair et moi. Je n'entendis plus parler de lui jusqu'à l'automne 1982.

Entre-temps Pierre Bérégovoy avait quitté l'Élysée pour un grand ministère des Affaires sociales et de la Solidarité nationale, Jean-Louis Bianco était devenu secrétaire général de la présidence de la République, Jean-Pierre Chevènement avait succédé à Pierre Dreyfus comme ministre de l'Industrie. À cette époque, le monde politique pense aux élections municipales de mars 1983. L'opinion générale est que la majorité de gauche connaîtra une défaite, et seule son ampleur reste un objet de débat.

Depuis juillet 1982, Jacques Séguéla, qui à cette époque était assez écouté, plaide pour changer

1. On a vu plus haut comment cette réforme capitale se perdit dans les sables, hélas.

Pierre Mauroy. Dans une note récapitulative, datée du 27 juillet 1982, il écrit à peu près ceci au président :

— L'opinion publique est désorientée et le sentiment général est à l'inquiétude et à la gravité.

— Il faut mobiliser les énergies sur un programme volontariste concernant la compétitivité de l'économie française.

— L'image du gouvernement Mauroy (bonne volonté brouillonne, verbe plutôt qu'action, défaut d'unité) est ancrée définitivement dans l'opinion.

— Il faut un nouveau Premier ministre et un gouvernement restreint.

Le président m'avait communiqué cette note que j'avais approuvée dans un commentaire, daté du lendemain, 28 juillet. J'écrivais aussi que le moment était venu pour le président d'indiquer, dans un grand discours, là où il voulait conduire la France sans rien éluder des difficultés attendues à la sortie du blocage des prix et des salaires.

Mais le président redoute une défaite sévère aux municipales. Il sent une opinion publique mauvaise, surtout à gauche, et ne veut pas risquer de l'aggraver. Il est profondément hésitant sur ce qu'il convient de faire. Finalement, il décide de repousser au lendemain des élections municipales toute décision capitale. En revanche, il fait étudier à fond chacune des variantes possibles de la politique économique.

Un jour de septembre, il me remet une note détaillée de Jean Riboud et me demande mon avis. Cette note propose une autre politique : pour que les entreprises se modernisent, investissent dans les nouvelles technologies et accroissent leur part de marché, il faut tout à la fois :

— désendetter massivement les entreprises et réduire leurs charges ;
— abaisser durablement le coût du crédit ;
— protéger les produits français de la concurrence étrangère.

Cela revient inéluctablement à décrocher du Système monétaire européen et à généraliser la pratique des dépôts à l'importation. À la lecture de cette note, il est manifeste que Jean Riboud avait déjà précédemment développé ces idées (désendettement des entreprises et modernisation du tissu industriel, sortie du SME), mais je n'en avais rien su. Quelques jours plus tard, le lundi 27 septembre, à Figeac, dans un superbe discours, François Mitterrand annonce :

« Le problème de l'endettement se pose comme l'une des explications principales de la crise. Il faut que l'ensemble des entreprises puisse échapper aux trois menaces du moment : l'alourdissement de leurs charges, la lourdeur des taux d'intérêt et la surcharge de leur endettement. »

Sur mes notes, le président mettait le plus souvent « Vu ». Je ne savais jamais s'il l'avait vraiment lue et intégrée dans ses réflexions. Aussi, je m'étais réjoui de constater que cette fois c'était le cas.

Le 29 septembre, dans une note au président, au sujet de Figeac, je l'informe que son discours, retransmis intégralement sur FR3, n'a touché, hélas, qu'environ 1 % des téléspectateurs et qu'en outre les journaux télévisés du même soir n'ont pratiquement repris aucun de ses grands moments. Yvon Gattaz, lui, l'a écouté et en a été très favorablement impressionné. J'en avertis le président par une note du 14 octobre qui lui détaille sa position.

À la demande du président, je rencontre régulièrement « les visiteurs du soir ». C'est ainsi que Pierre Mauroy appelait les personnalités qu'il croisait le soir en sortant de l'Élysée. Le président écoutait ces visiteurs développer l'« autre politique » et préconiser le départ de Pierre Mauroy. En faisaient partie Jean Riboud, Jean-Jacques Servan-Schreiber, Pierre Bérégovoy, son directeur de cabinet, Jean-Charles Naouri, parfois Jean-Pierre Chevènement.

Progressivement, ce courant de pensées se structure, et le président charge Pierre Bérégovoy de préparer un programme d'action qui serait enclenché tout de suite après les municipales. Il me demande de suivre ces travaux. Les experts du Parti socialiste redoutent que les élections municipales entraînent la perte d'une cinquantaine de villes de plus de 30 000 habitants sur les soixante conquises aux élections de 1977. Ce n'est pas ce qu'indiquent mes sondages : je pronostique une perte limitée à vingt-cinq ou trente villes.

Un petit groupe se réunit donc régulièrement au ministère des Affaires sociales sous la houlette de Pierre Bérégovoy, Jean-Charles Naouri officie comme secrétaire.

Les idées de Jean Riboud sont traduites en termes d'actions, avec calendrier et évaluation des résultats probables attendus, y compris la sortie du SME que Laurent Fabius semble approuver à la condition qu'elle soit temporaire. Cet exercice s'inscrit dans une perspective de changement de gouvernement : Pierre Bérégovoy se voit Premier ministre avec Laurent Fabius remplaçant Jacques

Delors aux Finances et Jean Riboud à l'Industrie. Il ne sait pas que Jean Riboud veut, lui, être Premier ministre. Le président, pour sa part, hésite encore soit à nommer Jacques Delors, si celui-ci accepte de mettre en œuvre les idées de Jean Riboud, sinon à conserver Pierre Mauroy.

Durant cette période, François Mitterrand fera des confidences contradictoires aux uns et aux autres afin de brouiller toutes les pistes et se laisser la liberté entière du choix, sans engagement d'aucune sorte. De même qu'il dissimulait les travaux du petit groupe de Pierre Bérégovoy, de même, en secret, Jacques Attali réunissait régulièrement quelques collaborateurs de l'Élysée pour préparer un programme alternatif que Pierre Favier, dans son livre sur *La Décennie Mitterrand*, appelle le « Nouvel élan ».

Les municipales ont enfin lieu. Après un mauvais premier tour, la gauche se ressaisit et les abstentionnistes viennent voter au second tour. La gauche perd vingt-neuf villes de plus de 30 000 habitants, Édith Cresson gagne Châtellerault. Les ténors socialistes conservent leur mairie, notamment Gaston Defferre à Marseille, Jean-Pierre Chevènement à Belfort, Pierre Mauroy à Lille, Pierre Bérégovoy à Nevers. Pour François Mitterrand, l'heure du choix est arrivée. Du dimanche 13 au mercredi 23, ce fut très, très laborieux.

Au cours de ces dix jours, Delors fut deux fois potentiellement Premier ministre, avant et après le réajustement monétaire arraché à Bruxelles aux Allemands, sous la menace implicite de quitter le SME. Bérégovoy, au moins une fois Premier ministre, mais sa nomination potentielle fut sciée par le fait que Laurent Fabius apprit, le mercredi 16, du directeur du Trésor, Michel Camdessus, qu'il n'y avait presque plus de réserves de devises, et que le franc ne tiendrait pas si l'on sortait du SME.

Pierre Mauroy, sa lettre de démission constamment dans sa poche, et constamment rassuré par François Mitterrand, Michel Rocard, dont certains évoquaient le nom, et Jean Riboud étaient également des Premiers ministres en puissance. Tout ce tohu-bohu se déroula sur dix jours, alors que les journalistes campaient sur le perron de l'Élysée et que les marchés financiers s'essayaient à anticiper les décisions monétaires de Bruxelles. Pour ma part, n'ayant pas été mêlé par François Mitterrand à ces péripéties, je n'ai aucune information à ajouter, si ce n'est que le mercredi 16 après-midi, dans le secrétariat du président, je vois arriver Laurent Fabius. Je lui demande alors : « Est-ce décidé ? Seras-tu ministre des Finances ? » Il me répond : « Ce n'est pas si simple. » On le fait alors entrer dans le bureau du président et je ne saurais que longtemps après combien décisive fut cette entrevue. Il en résulta le maintien de l'équipe Mauroy/-Delors ainsi que le choix prioritaire et irréversible de la politique européenne. Cette semaine-là la France a épousé l'Europe. Ce sera, désormais, le grand dessein de François Mitterrand.

Quant à Jean Riboud, il fut profondément déçu. Lorsque François Mitterrand, en juillet 1984, choisira Laurent Fabius pour succéder à Pierre Mauroy, la déception deviendra de l'amertume. J'imagine qu'il a dû penser : Il a choisi le fils aimé plutôt que le fils aîné. Quelque chose s'est peut être détraqué en lui, contemporain du cancer qui l'emportera. Il n'est pas impossible que François Mitterrand ait fait un diagnostic similaire. Toujours est-il, qu'après l'hospitalisation de Jean Riboud, il lui rendit visite presque quotidiennement et cela quelle que fût la lourdeur de son emploi du temps.

Pierre Mauroy, prorogé comme Premier ministre, Jacques Delors, reconfirmé aux Finances, Laurent Fabius, chargé, à l'Industrie, de la modernisation, les quinze ministres d'un gouvernement ramassé iront tant bien que mal jusqu'au dénouement de la crise scolaire de juillet 1984.

Acte V
Laurent Fabius, Premier ministre
(1984-1986)

Après l'échec de Jean Riboud, Pierre Mauroy, Premier ministre et Jacques Delors, ministre des Finances et de l'Économie, continuèrent la rigueur qui a cessé d'être une parenthèse. Il était clair pour moi que cela ne pourrait pas durer. Mais François Mitterrand me disait qu'il ne voulait pas plus de deux Premiers ministres par législature : « Si je les change à tout bout de champ, j'en aurais bientôt trois ou quatre. » Mauroy, ayant fait le début, celui qui lui succéderait devrait rester jusqu'aux législatives de mars 1986. Si cela était clair dans son esprit, en revanche, il hésitait tant sur la politique économique que sur l'homme qu'il lui incombait de choisir. Et il temporisait.

Les sondages devenant de plus en plus inquiétants, je décidai de prendre l'initiative et de lui dresser le tableau des avantages et des inconvénients liés aux différents choix possibles de Premier ministre. Je lui fis une note en ce sens. Cette note, de sept pages, appelle à un changement de gouvernement. Le choix recommandé, risqué, mais objectif, était Laurent Fabius[1]. J'y analysais les avantages comme Premier ministre de Bérégovoy, Cresson, Delors, Fabius, Rocard. François Mitterrand n'arrivait toujours pas à se décider et sa cote dans l'opinion publique continuait de se dégrader.

Au point culminant de la crise engendrée par la loi Savary sur l'enseignement privé, François Mitterrand proposa, le soir du 12 juillet, dans une intervention à la télévision, un référendum avec comme conséquence le retrait de la loi Savary. Il s'agissait, en effet, d'un référendum qui aurait permis, si la réponse du peuple était oui, d'organiser un autre référendum sur une loi réformant l'enseignement privé. Cette annonce, ce 12 juillet, fut comme un pavé lancé dans une mare et précipita les événements. Alain Savary démissionna. Pierre Mauroy décida qu'il ne pourrait pas continuer à être Premier ministre et en informa le président. Celui-ci lui demanda de garder sa décision secrète, afin de lui laisser le temps de gérer la crise.

Le 12 juillet au soir, nous sommes, quelques-uns, réunis, dont Laurent Fabius, à cette époque ministre de l'Industrie, chez Robert Badinter, garde des Sceaux, pour assister à l'allocution du président à la télévision. Aussitôt après, le silence s'installe. Pour ma part, le président ne m'avait pas parlé de

---

1. Voir la note en annexe sur : Opinion publique/Gouvernement/Élections 86, du 12-4-84.

ce référendum et j'étais vraiment surpris. J'eus l'impression par contre que Robert Badinter et Laurent Fabius avaient été mis au courant, mais rien ne le montrait. Le téléphone sonne alors. Robert Badinter répond, le président veut lui parler. Peu après, apprenant que j'étais là, François Mitterrand demande à me dire quelques mots. Je prends le téléphone.

— Charles, qu'avez-vous pensé de l'intervention ?

Je lui dis que le référendum me semblait une bonne idée car, s'il était gagné — je pensais qu'il le serait —, le Sénat ne pourrait plus s'opposer à la réforme de l'enseignement privé.

— Mais le Sénat ne me laissera pas faire ce référendum, me dit-il alors. Venez dans mon bureau demain matin pour me montrer les résultats du sondage[1].

Le lendemain, 13 juillet, je me présentai au secrétariat. Le président, prévenu, me fit entrer dans son bureau. Pierre Mauroy était là, debout, regardant le parc par la fenêtre. François Mitterrand me fit commenter les résultats, favorables du sondage, puis il me dit : « Charles, parlez quelques instants avec le Premier ministre, je dois aller dans mon appartement. Je reviens. »

Pierre Mauroy reste alors silencieux et grave. Ne sachant pas quoi dire et n'étant évidemment pas au courant de sa démission, je lui demandai : « Où allez-vous en vacances cette année ? » Le rouge aux joues, il me regarda intensément, mais comprit

1. Comme à chacune des interventions télévisées du président, je mettais en place des sondages qui mesuraient les réactions des Français.

heureusement que ma question était innocente. Rétrospectivement, j'en frémis encore. Pierre Mauroy était chaleureux, sympathique, et pour rien au monde je n'aurais voulu le blesser.

Alain Savary, las d'attendre, rendit publique sa démission, puis on annonça celle de Pierre Mauroy. C'est alors que François Mitterrand fit appel à Laurent Fabius. Il n'est pas impossible que ma note recommandant Laurent Fabius, ainsi que les discussions qui suivirent, aient contribué à ce choix. Laurent Fabius fut, de 1984 à 1986, un bon Premier ministre. Il a contribué à moderniser l'industrie française et, dans cette optique, lui et ses équipes ont poursuivi l'œuvre entreprise par Georges Pompidou et les siennes.

De 1984 à 1986, il a établi dans l'opinion des Français la crédibilité gouvernementale des socialistes et réussi à faire 32 % aux élections législatives de mars 1986, score jamais atteint, ni avant, ni après, par le PS. Sans relâche, il a combattu l'apartheid en Afrique du Sud. La raison d'État ne le fit pas taire lorsqu'il désapprouva la venue à Paris du général Jaruzelski. Il s'opposa au rétablissement de la proportionnelle pour les élections législatives de 1993, envisagée par ceux qui voulaient limiter le désastre électoral. Laurent Fabius redoutait que, dans la foulée, quatre-vingts députés Front national n'entrassent à l'Assemblée nationale.

Enfin, sur les grandes questions de politique étrangère, Laurent Fabius a souvent eu des vues très justes à long terme, même lorsqu'elles étaient refusées par la majorité de la classe politique. Ainsi, je me souviens qu'en 1985 il m'a dit que la France, à l'avenir, ne saurait éviter que se posât la question de l'européanisation de sa force de frappe. Horrifié, je m'opposai à lui. Bien qu'il fût Premier ministre à l'époque, je me permis de lui faire un exposé sur la dissuasion, dans une parfaite orthodoxie gaulliste, afin de lui démontrer le non-sens de son idée. Et voilà que, dix ans après, le président français en exercice, longtemps chef de file des gaullistes, a lui-même relancé cette idée.

Aujourd'hui, on ne peut pas écrire sur Laurent Fabius en passant sous silence le drame du sang contaminé. Depuis un certain temps déjà, tous les faits sont connus. Il est évident que Laurent Fabius — pour la seule décision qu'il ait eu à prendre, celle de rendre obligatoires les tests des donneurs de sang — a agi vite et bien. Pour le reste, les reproches qu'on lui fait sont infondés et malveillants. Quant à son inculpation de complicité d'empoisonnement, elle est tellement grotesque que même ses ennemis en conviennent sans détour. Laurent Fabius en a beaucoup souffert, mais comme Robert Badinter le dit à propos : « Il faut que le cœur se bronze ou se brise. »

Acte VI
Institution progressive d'une politique européenne et du franc fort (1986-1988 et 1988-1993)

Avec Laurent Fabius « le jeune Premier ministre » que François Mitterrand « a donné à la

France », et Pierre Bérégovoy, ministre des Finances et de l'Économie, numéro deux du gouvernement, la politique européenne s'enracine. Tout à la préparation des élections législatives de mars 1986, la classe politique ne prend pas l'exacte mesure des changements profonds qui s'étaient produits au sein de la gauche. Réconciliée avec l'entreprise, le marché, la Défense nationale et les institutions, jugulant l'inflation, après avoir désindexé les salaires, créant les bases structurelles du franc fort et progressant dans la construction européenne, la gauche n'a-t-elle pas bien géré et bien mérité de la patrie ?

D'ailleurs, lorsque, après mars 1986, Édouard Balladur devient ministre d'État, ministre de l'Économie et des Finances, il continuera pour l'essentiel sur le chemin tracé par Pierre Bérégovoy.

Après les élections législatives perdues, la cohabitation puis la campagne présidentielle de 1988 donnent une priorité absolue aux questions économiques.

Lorsque François Mitterrand, réélu président en 1988, réinstalle Pierre Bérégovoy aux Finances, la politique européenne et du franc fort est poursuivie. La tragédie a pris un cours inéluctable et rien de vraiment important ne sera plus tenté pour investir le cours des choses.

Le meilleur symbole est que Jean-Claude Trichet, ancien directeur de cabinet d'Édouard Balladur, est maintenu, par Pierre Bérégovoy, dans ses fonctions de directeur du Trésor. Or, Jean-Claude Trichet, avec ses collègues, hauts fonctionnaires du Trésor, du Budget et, d'une façon générale, des Finances, a soutenu fermement, d'une façon ouverte et inébranlable, la politique du franc fort.

Édouard Balladur, devenu Premier ministre en 1993, choisira Jean-Claude Trichet comme le premier gouverneur de la Banque de France en charge de la défense de la monnaie.

L'éloge de cette politique n'est plus à faire depuis qu'elle est devenue la « pensée unique » du plus grand nombre des hommes politiques, des experts et des chefs d'entreprise de la France et de l'Europe de Maastricht.

Il n'y a juste qu'un petit défaut : le chômage !

L'emploi et la réduction du nombre de chômeurs cessent d'être la priorité de ces gouvernements successifs. Découragés sur ce point, ceux-ci ont considéré le chômage comme une variable d'ajustement de la modernisation : la prospérité croissante d'une grande partie des Français s'est ainsi accompagnée d'une exclusion de ceux qui étaient laissés sur le bord de la route.

Durant cette période, j'ai à plusieurs reprises attiré l'attention de François Mitterrand sur les drames de ce chômage irrésistiblement croissant. Chaque fois il me disait : « Je sais, mais on a tout essayé. Rien n'y fait, cela continue. Au mieux on pallie les drames personnels résultants. » Un jour de décembre 1991, comme je lui disais qu'à continuer ainsi, les élections législatives de 1993 seraient sûrement perdues, agacé plus que de coutume, il me dit : « Faites-moi une note. » Celle-ci, datée du 4 décembre 1991, était intitulée : « Réduire le chômage — Redonner énergie au pays — Gagner les élections législatives ».

J'écrivais en substance : « Le chômage met en péril la nation, il faut l'équivalent d'une économie de guerre : UNE GUERRE AU CHÔMAGE. » Voici ma note :

OBJET : RÉDUIRE LE CHÔMAGE — REDONNER ÉNERGIE AU PAYS — GAGNER LES ÉLECTIONS LÉGISLATIVES.

I. — AU CŒUR DE LA SINISTROSE ACTUELLE : LE CHÔMAGE

1.1. Les Français craignent que leurs enfants ne trouvent pas d'emplois et redoutent, pour eux-mêmes, de perdre leur travail.

— La jeunesse ne voit devant elle qu'un avenir professionnel bouché. Cette jeunesse est belle et ne demande qu'à travailler. Il faut sortir des écoles et des universités les jeunes qui le veulent et les placer dans les entreprises (grandes et petites, artisans compris) et leur payer l'acquisition d'un métier, par apprentissage.

— On n'entend que des nouvelles d'entreprises qui diminuent leurs effectifs. (Et si elles n'ont aucune raison de le faire aujourd'hui elles croient se faire bien voir en annonçant des réductions de personnel pour 92, 93 et même au-delà.) C'est à la mode ! Cela plaît aux administrations et aux banques !

1.2. L'opinion se détourne d'un gouvernement qui ne réussit pas à réduire le chômage. Quoi que le gouvernement dise, il n'est plus entendu. Tout autre sujet est perçu par l'opinion comme dérisoire et comme manœuvre échappatoire.

1.3. *Les extrémistes* (comme le FN), ou *les antipolitiques* (comme les écologistes) *se nourrissent de cette perte de crédibilité* des politiques et de cet échec à réduire le chômage.

II. — QUE FAIRE

2.1. L'objectif est de réduire de 400 000 le nombre de chômeurs et/ou de jeunes sans emploi.

— La mobilisation du pays se fera si l'énergie du gouvernement est perçue.

— Le gouvernement actuel ne me semble plus crédible dans l'opinion pour mener ce combat. C'est probablement injuste mais non contournable.

2.2. Tout subordonner à la création d'emplois, à l'apprentissage des jeunes, à l'arrêt des licenciements. Même si les mesures prises ne sont pas orthodoxes, et déplaisent au patronat, aux syndicats, aux corporatismes.

Il faut sortir des sentiers battus.

En temps de menace de guerre, toutes les actions d'un gouvernement sont évaluées par rapport à la Défense du pays.

Aujourd'hui le chômage met en péril la nation, il faut l'équivalent d'une économie de guerre : une guerre au chômage.

2.3. Ainsi pour disposer des ressources nécessaires (environ 100 milliards sur deux ans) il devient justifié de privatiser une grande banque de plus, une compagnie d'assurances et quelques industries en bon état de marche, mais incapables de créer de nouveaux emplois (ex. Pechiney, Rhône-Poulenc).

III. — LES MESURES DANS LE SECTEUR PUBLIC

L'État commande au secteur public. Qu'il en tire au moins l'avantage de le diriger dans le sens voulu pour faire réussir sa mobilisation de guerre au chômage.

3.1. Interdiction de tout licenciement (sauf mesures individuelles justifiées).

3.2. Embauche obligatoire de 4 % des effectifs sur 4 mois. Cette embauche concernera en priorité les jeunes à partir de 16 ans que l'on disséminera en apprentissage dans tous les services, pour tous les former à tous les emplois de l'entreprise.

(On avertira en privé les présidents que celui qui n'aurait pas d'ici 2 mois réalisé au moins la moitié de son objectif ne serait pas renouvelé en mars.)

3.3. Embauche obligatoire de 1 % de ses effectifs sur quatre mois à prélever parmi les demandeurs d'emplois de l'ANPE.

IV. — SECTEUR PRIVÉ : ENTREPRISE, PME/PMI, ARTISANS

4.1. Rétablissement de l'autorisation préalable de licenciement, abrogée par le gouvernement Chirac.

Nota : À cette époque le patronat avait promis la création de 300 000 emplois si cette autorisation préalable était abolie. En fait il y eut zéro création d'emploi. Tout porte à croire que son rétablissement provoquera également zéro création d'emploi. Mais cette mesure est indispensable sur le plan psychologique pour montrer l'énergie et la détermination du gouvernement face aux tabous idéologiques.

4.2. Les mesures étudiées par Mme Aubry, et refusées à cause des diverses objections des administrations, du patronat, etc., doivent être ressorties des cartons et promulguées sans tarder.

4.3. Tout artisan, employant de 0 à 9 personnes, doit pouvoir accroître son effectif de *deux apprentis (payés au moins à la moitié du SMIC), avec suppression de toutes charges sociales pendant 2 ans.*

V. — NOUVELLE DONNE ÉLECTORALE

5.1. Le climat induit par la réussite de cette guerre contre le chômage — surtout si le nouveau gouvernement est constitué de nouvelles têtes politiques (ex. Bianco – Aubry), de bons ministres techniques (ex. Curien – Delebarre), de ceux des ministres « anciens » qui restent populaires (ex. Lang – Dumas), de chefs d'entreprise ayant réussi (ex. Beffa) — entraînera une nouvelle donne électorale pour les législatives.

5.2. Dans nos notes précédentes nous avons montré que si le PS pouvait atteindre 30 % au premier tour (avec un PC à 7 %, des écologistes entre 12 et 14 %), la loi électorale actuelle conduirait à une majorité relative voisine de celle de la présente assemblée.

Le président garda cette note plus de quinze jours, alors qu'habituellement une note était retournée dans les vingt-quatre heures. Je pense que Pierre Bérégovoy en eut connaissance, mais cela s'arrête là.

Épilogue
La campagne Jacques Chirac à la présidentielle de 1995 contre Édouard Balladur

L'épilogue de cette tragédie fut constitué par la campagne présidentielle de Jacques Chirac. La raison profonde de sa victoire sur Édouard Balladur résida en effet dans une dénonciation radicale du chômage, de l'exclusion, de la rupture du pacte républicain. Édouard Balladur s'étant positionné au centre, Jacques Chirac apparaissait, au début de la campagne, comme le chef du RPR, forteresse assiégée, et capable tout au plus de réunir 15 % des suffrages au premier tour. Mais Jacques Chirac a tourné par la gauche un Édouard Balladur qui n'avait pas compris que son espace politique était dans un électorat socialiste en déshérence et qu'il pouvait y récupérer ceux qui étaient désespérés du renoncement de Jacques Delors. Les Guignols[1] se sont moqués de ses propos révolutionnaires, alors

1. Ainsi, l'inoubliable séquence des Guignols où, à force de surenchère de gauchisme, la marionnette de Chirac apparaissait déguisée en Che Guevara, avec un béret, en treillis et un écriteau « Vive le Chi ! ».

qu'en fait, je pense qu'il était sincère en dénonçant les dangers de l'exclusion d'une part croissante de jeune Français. Il ne s'était pas converti au socialisme, mais reprenait simplement l'idéal républicain, visant la constitution d'une classe moyenne la plus nombreuse possible, ce qui suppose croissance économique, éradication du chômage, solidarité par l'impôt. Le moteur en étant l'enseignement public, c'est l'idéal des « Hussards noirs », célébrés par Péguy, qui, au cours de la IIIe République, ont évangélisé le campagnes en y apportant la connaissance, tels le père de Georges Pompidou ou le grand-père de Jacques Chirac. S'élever de la classe populaire à la classe dirigeante en deux générations, ce qu'Alain Juppé appelle l'ascenseur social, est l'idéal de la démocratie à la française[1]. Elle tend à la limite vers une classe unique et présume l'établissement de l'égalité des chances.

Ce discours de Jacques Chirac a touché les Français suffisamment en profondeur pour lui donner finalement une majorité en mai 1995. Ainsi, Jacques Chirac est devenu l'héritier et le héraut du vieux rêve républicain de la IIIe République. Je

1. Il est instructif de comparer, de ce point de vue, deux grandes démocraties européennes, l'Angleterre et la France. L'Angleterre, lieu de naissance de la démocratie parlementaire, la France, lieu de naissance de la démocratie populaire. En Angleterre, on ne souhaite, comme dirigeants, que des membres de « l'Establishment », bien conformes. Même quand les Anglais sont allés chercher Disraeli, ils ont pris le juif le plus « establishment » qui soit. Si, en France, la société puise ses élites politiques largement en son sein, en Angleterre, 90 % d'entre elles viennent d'une caste de 15 % de la population qui s'autoreproduit par l'effet du système des écoles privées.

pense que cet « ajustement » s'est fait pour lui naturellement et sans effort.

Comme François Mitterrand, il fait partie de ces dirigeants, un peu aventuriers, que la France aime à se choisir. Aventuriers en ce sens qu'ils sont « hors normes » et trouvent leur loi à l'intérieur d'eux-mêmes.

Si la gauche n'avait pas abdiqué sur le chômage, mais lui avait ouvertement déclaré la guerre, si elle avait su utiliser pour ce combat une Éducation nationale modernisée, utilisant pour son enseignement professionnel toutes les possibilités des nouvelles technologies de l'information et de la communication, si elle avait plus été influencée dans le domaine économique par Jean Riboud, si elle avait résolument appliqué les 35 heures, puis les 32 heures sur quatre jours, elle aurait peut-être éradiqué le chômage, évité l'exclusion et il n'y aurait pas eu d'« héritage » à capter.

Au registre des regrets que j'éprouve aujourd'hui sur la façon dont la gauche n'a pas su bien utiliser ses leviers de commande, il me faut ajouter ici l'échec de ma tentative de désendetter les entreprises publiques. Dans le cadre des réflexions des visiteurs du soir, Jean Riboud avait fait des propositions pour que la nationalisation des banques profite aux entreprises privées, essentiellement aux PME/PMI, sous la forme de grandes facilités de crédit, à taux réduits.

Mais il ne s'était pas intéressé aux entreprises publiques comme EDF, SNCF, Air France ou Bull ; ces entreprises, dépourvues de fonds propres adéquats, étaient si lourdement endettées que le service de la dette rendait leurs équilibres problématiques et inhibait leurs investissements.

J'eus alors l'idée et fis la proposition d'un mécanisme permettant d'abolir en totalité et instantanément leurs endettements : ces entreprises émettraient des obligations à zéro coupon, à faible intérêt, souscrites par les Banques nationalisées. Le Trésor acceptant que ces obligations soient considérées dans les bilans comme quasi fonds propres dans le décompte de leurs réserves, les banques y trouveraient un certain avantage compensatoire. La SNCF, l'EDF, devenant aussitôt bénéficiaires, pourraient réaliser des investissements nouveaux, relançant ainsi l'économie et l'emploi. Air France et Bull seraient par la suite armées pour affronter la concurrence internationale.

Ce projet est passé à la trappe avec l'abandon des autres idées de Jean Riboud. On peut voir aujourd'hui que ce fût grand dommage. On aurait évité que Bull et Air France soient moribonds, que la SNCF soit en crise permanente et l'EDF en sous-investissement.

4

RUSSIE ET COMMUNISME (suite)

L'union est un combat – Fermeté vis-à-vis des Russes : les SS20. L'affaire du gazoduc russe – La lettre à Bertrand – Voyage à Moscou de juin 1984 : Tchernenko – Le dîner de gala : Sakharov – La première rencontre avec Gorbatchev – Le tête-à-tête avec Gromyko : l'IDS – Gorbatchev au pouvoir – La réunification allemande. La rencontre de Kiev – La chute de Gorbatchev.

Une fois élu président de la République française, la problématique de François Mitterrand vis-à-vis des communistes et de l'URSS fut évidemment transformée par ses nouvelles responsabilités.

L'union est un combat

François Mitterrand avait été en 1965 candidat commun de la gauche dans la première élection présidentielle de la Ve République au suffrage universel. Le bon score réalisé au second tour (45 %) contre Charles de Gaulle fit de lui, à gauche, le porteur de l'espérance de l'alternance. François Mitterrand savait que le chemin passait par une alliance avec le PC. La signature d'un programme commun de gouvernement avec les radicaux de gauche et les communistes constitua une étape importante dans ce processus. François Mitterrand ne se laissa pas détourner par ceux qui s'en inquiétèrent, dont je fus. Peu de temps après, au cours du congrès de l'Internationale socialiste à Vienne le 28 juin 1972, face aux critiques, certaines virulentes, de nombreux partis frères, il expliqua qu'il entendait ainsi, à terme, récupérer, par cette politique, au profit des socialistes, trois millions sur cinq des électeurs communistes.

Lorsque les dirigeants du Parti communiste prirent conscience des remarquables progrès des socialistes dans le pays, ils s'en inquiétèrent, surtout lorsque la politique étrangère de la Russie prit un cours menaçant qui fit peur à l'opinion publique : invasion de l'Afghanistan, déploiement des SS20 en Europe, glaciation dans l'Europe de l'Est, soutien de plus en plus grand apporté par l'URSS aux pays du tiers-monde en lutte contre les États-Unis. Mais le PC était alors dans une situation difficile, tiraillé entre le désir de freiner les socialistes et la crainte que cela se voie et de décevoir ainsi son électorat, ouvrier notamment, qui avait placé ses espérances de mieux vivre dans l'union de la gauche. Pendant la campagne présidentielle, Georges Marchais critiqua sans arrêt François Mitterrand en essayant de lui imputer, avant terme, la culpabilité de la réélection de Valéry Giscard d'Estaing. Il en paya le prix dès le premier tour. On a dit qu'entre les deux tours de nombreux cadres du PC donnèrent des instructions orales de voter contre François Mitterrand. À ma connaissance, cela ne fut pas établi.

La grande question qui fut posée à François Mitterrand durant toute la campagne était l'éventuelle présence de ministres communistes au gouvernement. On a vu que François Mitterrand, tout en disant qu'il n'y aurait pas, aussitôt après les élections, de communistes au gouvernement, laissait clairement entendre qu'une situation nouvelle pourrait émerger après le succès des forces de gauche aux élections législatives entraînées par la dissolution de l'Assemblée nationale.

Les communistes entraient au gouvernement pour la première fois en France depuis leur participation, après la Libération, au gouvernement du général de Gaulle. Les dirigeants du PC étaient ravis, ils n'avaient pas encore réalisé que le piège s'était refermé sur eux et que le PC allait connaître un irrésistible déclin. En effet, lorsque François Mitterrand fit le choix de la rigueur au printemps 1982, avec blocage des salaires et des prix, les communistes durent s'abstenir de critiquer trop fort le gouvernement dans lequel ils étaient restés. Cette situation traîna jusqu'au changement de Premier ministre, en juillet 1984. Finalement, les communistes refusèrent de participer au gouvernement de Laurent Fabius et repartirent dans l'opposition. Mais, il était trop tard et leur influence dans l'électorat tomba au-dessous de 10 %, et cela dure encore.

La stratégie amorcée par François Mitterrand avait réussi et son pari, énoncé à Vienne, gagné.

Fermeté vis-à-vis des Russes : les SS20

Le Politburo, sous la pression des militaires soviétiques, avait commencé à installer en Europe une nouvelle génération de fusées, les SS20. De portée moyenne, mais d'une bonne précision, elles menaçaient de destruction totale et quasi instantanée tout objectif situé en Europe — et du même coup déstabilisait l'« équilibre de la terreur », du moins en ce qui concernait l'Europe.

Quelques mots sont nécessaires pour expliquer la nature exacte de cette menace. À cette époque, les forces stratégiques nucléaires américaines — c'est-à-dire celles dont le rayon d'action permettait d'atteindre l'URSS — étaient sensiblement égales (à un niveau très élevé) à celles de l'Union soviétique. Aucun des deux ne pouvait, même en attaquant l'autre massivement et par surprise, espérer échapper à une contre-attaque nucléaire qui immolerait plus de la moitié de sa population. D'où la stabilité de cette situation de non-guerre.

En apparence, cet équilibre n'était pas remis en cause par le déploiement des SS20 soviétiques en Europe centrale. Il s'agissait de fusées, modernes et de grande précision, dont la portée était trop réduite pour atteindre le continent américain. La menace sur le territoire et les populations des États-Unis n'en était pas accrue, comme ce fut le cas auparavant lorsque Khrouchtchev voulut installer des fusées à Cuba. Par contre, tout point de l'Europe pouvait dès lors — et en quelques minutes — être atteint et détruit par un SS20 à tête nucléaire. Chaque pays européen, sentant peser sur lui cette potentialité de destruction, serait devenu vulnérable à un éventuel chantage politique ou économique de l'URSS. Certes, dans les temps présents, les États-Unis étaient engagés, par OTAN interposé, à défendre l'Europe. Mais, qui pouvait être sûr qu'à l'avenir un président américain risquerait l'annihilation de son pays pour protéger l'Europe alors que l'URSS ne menacerait pas directement l'Amérique. On peut concevoir l'effet déstabilisateur des SS20 sur l'Europe et sur la pérennité de son alliance avec les États-Unis.

Pour contrecarrer cette menace, l'OTAN avait pris la décision de déployer en Europe des fusées américaines, les Pershing 2, ainsi que des missiles de croisière dans le cas où les Russes ne pourraient être persuadés, par négociation, de retirer leurs SS20. C'est ce que l'on a appelé la « double décision ».

Les Soviétiques déclenchèrent alors une intense campagne de propagande contre le bellicisme américain, accusé de ranimer la guerre froide et suspecté de préparer un conflit mondial nucléaire. Les opinions européennes y furent sensibles et de nombreuses manifestations pacifistes eurent lieu dans tous les pays de l'OTAN. François Mitterrand, pen dant toute la campagne présidentielle, exprima so inquiétude et s'engagea à soutenir la décision d l'OTAN.

Des négociations furent entamées en novembr 1981 à Genève entre Russes et Américains parlant au nom de l'OTAN. L'échec, prévisible, interviendra officiellement le 23 novembre 1983 lorsque ces négociations seront interrompues *sine die*.

Lorsque François Mitterrand est élu — contre le gré des Russes qui auraient préféré Valéry Giscard d'Estaing —, 281 missiles SS20 sont installés en Europe. Le président déclare le 9 juillet dans l'he domadaire allemand *Stern* qu'il convient de supp mer la suprématie que l'URSS s'est ainsi acquise Europe et d'installer des Pershing si les Russes ne retirent pas les SS20.

Sur ce point, il ne variera pas. Pour accentuer sa pression, il interrompt tout rapport au sommet avec les Soviétiques. Il prononce un discours le 20 janvier 1983 au Bundestag afin de soutenir la position de Helmut Kohl contre les sociaux-démocrates hostiles au déploiement et qui avaient mis Schmidt en minorité sur ce point, sur le thème : « En Europe, les missiles sont à l'Est, les pacifistes à l'Ouest. » Le 23 novembre le Bundestag vote l'installation des Pershing en Allemagne (de justesse par 286 voix, contre 226). La politique de fermeté de François Mitterrand a beaucoup contribué à ce vote. Dans *Les Années Mitterrand*, Serge July écrit :

> « Mitterrand s'est engagé dans une véritable croisade internationale en faveur du déploiement des Pershing et des missiles de croisière. Du Bundestag à la tribune des Nations unies, en passant par Bruxelles et Londres, Mitterrand va répétant, depuis son arrivée au pouvoir, que la décision soviétique d'installer des SS20 braqués sur l'Europe occidentale, vise à assurer au Kremlin une supériorité militaire, politique et finalement psychologique sur tout le continent européen. »

Puis, ayant assumé avec succès son rôle de défenseur de l'Europe face à l'intimidation soviétique, François Mitterrand estime venu le temps de renouer avec les Russes. Il le leur fait savoir et, en juin 1984, il part à Moscou rencontrer Constantin Tchernenko qui a succédé à Iouri Andropov.

L'affaire du gazoduc russe

C'est en plein milieu de la croisade contre les SS20 que se situe l'affaire du gazoduc russe.

Les États-Unis veulent imposer aux Européens de concourir à des sanctions technologiques et commerciales contre l'« agressivité » soviétique en Pologne, en Afghanistan et dans le tiers-monde, alors même que l'Allemagne, l'Italie et la France négocient la fourniture de gaz naturel russe.

Concrètement, il s'agit de construire un gazoduc, venu des gisements de Sibérie et de s'engager sur des contrats d'approvisionnement à long terme qui justifient cette construction. Reagan tempête, fait pression, menace même. Rien n'y fait. Le contrat est signé. L'émotion en France est forte. Les pro-américains sont très virulents dans la presse et au Parlement où Pierre Mauroy se fait chahuter. Circonstance aggravante, le moment — janvier 1982 — est mal choisi, trop près de la crise polonaise.

La lettre à Bertrand

Des amis personnels, très proches, qui connaissent mon antisoviétisme et que je bassinais pendant toute la campagne de François Mitterrand en contrastant sa fermeté vis-à-vis des Russes avec la « passivité » de Giscard, s'émeuvent et me disent en substance : « Tu t'es trompé, tu as été trompé. Voilà ce que c'est d'avoir des communistes au gouvernement. La finlandisation est en route. L'Europe dépendante des fournitures énergétiques russes. Le nouveau Munich que tu as toujours redouté se pointe à l'horizon. »

Pour eux, et aussi pour moi, je décide de clarifier les idées que j'ai désormais vis-à-vis de l'URSS, huit ans après le voyage de 1975. Cette mise en ordre prend la forme d'une « Lettre à Bertrand » de six pages[1].

Après avoir expliqué la vision que les dirigeants soviétiques ont du monde et du rôle des SS20, je fais la description de la situation économique lamentable de l'URSS, de sa désagrégation politique. Je termine en disant que nous ne sommes pas en 1938 et qu'un changement profond de l'URSS interviendra entre cinq et vingt ans.

Voyage à Moscou de juin 1984 : Tchernenko

Ainsi, le mercredi 20 juin 1984, François Mitterrand s'envole vers Moscou. Je l'accompagne et suis très curieux d'apprendre si la description que j'avais faite de l'URSS était exacte.

Au mois de février, Constantin Tchernenko a été choisi par le Politburo pour succéder à Iouri Andropov. C'est, lui aussi, un pape de transition. Il est réputé malade, on dit qu'il ne passera pas l'hiver.

Tchernenko, dans ses premières déclarations, fait du Brejnev nouvelle manière, dont il poursuit la ligne dure, notamment en ce qui concerne l'instal-

1. Voir en annexe cette lettre à Bertrand Asscher.

lation des Pershing en Europe. Après l'échec des négociations de Genève, Ronald Reagan a relancé la course aux armements par son projet IDS qui vise à la mise au point, puis au déploiement d'un système d'arme capable d'atteindre des satellites en orbite haute, ainsi que des engins balistiques incidents avant leur entrée dans l'atmosphère.

Il veut profiter de l'avance des États-Unis dans les hautes technologies pour se donner un avantage décisif et, si l'URSS veut l'éviter, la contraindre à des dépenses démesurées, ruinant ainsi davantage son économie. Pour différentes raisons, la France, sollicitée, ne veut pas participer à l'IDS. La principale est que François Mitterrand a compris l'effet déstabilisateur sur l'équilibre de la terreur, qui a assuré jusqu'à présent la paix.

En effet, si l'une des parties devient invulnérable à une contre-frappe, elle peut tenter de déclencher l'annihilation de l'autre. L'autre, en revanche, sachant cela, peut se résoudre à une frappe préventive, avant que le bouclier spatial soit installé et opérationnel. Bien que les Russes aient conscience que les Français sont objectivement du même avis qu'eux pour tenter de prohiber l'IDS, les relations franco-soviétiques sont au plus bas : le 13 avril 1983, la France expulse quarante-sept diplomates soviétiques accusés d'espionnage, et les relations commerciales avec la Russie sont profondément dégradées. Enfin, la brutalité avec laquelle la Russie combat ses dissidents, et notamment l'académicien Sakharov, devenu un symbole du martyre des opposants, pose problème à la France, patrie des Droits de l'homme, et tout particulièrement à un président de gauche, socialiste et avocat passionné des libertés individuelles.

D'ailleurs, dès que le voyage est annoncé, la question qui est posée, en France, par les hommes politiques et les journalistes, comme à l'étranger, est : « François Mitterrand évoquera-t-il publiquement Sakharov ? Et, si oui, devra-t-il interrompre son voyage en URSS ? » La presse française le somme d'en parler.

Dès le jeudi matin, au Kremlin, rencontre dure mais banale avec Tchernenko qui est le seul à parler du côté soviétique, comme François Mitterrand est le seul à répondre du côté français. D'après mes notes, le cas Sakharov est évoqué en passant et presque discrètement. Il en ira autrement le soir au dîner et en public.

Le dîner de gala : Sakharov

Dans une vaste salle, admirablement décorée de peintures médiévales, au plafond bas, aux arches voûtées, qui ressemble aux prodigieux décors d'*Ivan le Terrible* d'Eisenstein, un somptueux dîner mélange habilement, par petites tables, les Français et les Russes. À ma table, j'ai la surprise de retrouver certains des apparatchiks du Politburo, de la Direction des affaires internationales, qui étaient présents lors du voyage de 1975. Leurs dossiers sont bien tenus. À la table officielle, Constantin Tchernenko préside et François Mitterrand est assis en face de lui.

Les Russes avaient communiqué à l'avance le discours de Tchernenko et indiqué que les passages les plus durs en seraient omis si François Mitterrand évitait de parler de Sakharov et des dissidents en public. Ils demandaient, par ailleurs, de connaître au préalable le texte du discours du chef de l'État français. François Mitterrand prétextant qu'il n'avait pas fini de le rédiger, le discours ne fut donné qu'après le dîner.

Avant de se rendre à la salle à manger, François Mitterrand a pris conseil : Faut-il ou non parler de Sakharov ? L'ambassadeur de France à Moscou, ainsi que Claude Cheysson, sont nettement contre en disant que cela ne servirait à rien, sauf à irriter violemment les Soviétiques. Jean-Louis Bianco et Michel Vauzelle sont pour. En fait, François Mitterrand a déjà choisi.

Constantin Tchernenko parle assis, d'une voix étouffée, avec des à-coups, et saute les passages les plus durs. François Mitterrand se lève à son tour. Debout, lyrique, il célèbre l'amitié de toujours entre la France et la Russie, la fraternité d'armes de la dernière guerre mondiale. Puis, il cite les accords d'Helsinki sur le respect des libertés et mentionne, à haute et intelligible voix, le professeur Sakharov. Un silence glacial s'ensuit. Tout le monde retient son souffle. On aurait entendu une mouche voler.

À ma table, l'apparatchik du Politburo qui, parlant admirablement le français, avait entendu avant que le traducteur n'officie, crispe ses mâchoires et fixe intensément Tchernenko pour voir ce qu'il va faire lorsque les paroles du président seront traduites en russe. Moi-même, je regarde François Mitterrand enchaîner tranquillement, comme si de rien n'était. Et il ne se passe rien.

Le lendemain, le discours de Tchernenko est publié *in extenso*, avec les passages durs rétablis. Le résumé fait de celui du président ne mentionne pas Sakharov.

La première rencontre avec Gorbatchev

L'atmosphère s'est décrispée à la table officielle, la vodka aidant. La conversation est rendue difficile par la nécessité de la traduction simultanée. Les traducteurs sont assis, en retrait, derrière les convives. François Mitterrand en a un qui lui est assigné. Jeune et sympathique.

François Mitterrand, pour dire quelque chose, s'adresse à Tchernenko qui, épuisé par l'effort, se tenait silencieux et lui demande si l'économie, et notamment l'agriculture, vont bien cette année. Avant que Tchernenko ne réponde, un homme, assis à sa gauche, intervient pour dire que non, l'agriculture ne va pas bien du tout. Tchernenko se tourne vers celui qui a parlé et lui demande de préciser en quoi. Gorbatchev, car c'était lui, dit alors en russe quelques phrases comme : « Les paysans s'en foutent, les transports sont désorganisés, les fonctionnaires paresseux et incompétents, etc. »

Le traducteur du président continue de lui traduire tout cela à l'oreille à voix basse. Tchernenko demande alors à Gorbatchev : « Depuis quand cela ne marche pas ? » et Gorbatchev répond en riant : « Depuis 1917 ! » Le traducteur traduit cela et puis s'interrompt à cause de l'énormité de la réponse.

Après dîner, François Mitterrand me fait signe de l'accompagner. Dans les longs couloirs qui conduisent à ses appartements, et assuré qu'il n'y a pas de micro, il me raconte ce à quoi il vient d'assister. Il me demande si je pense que cette provocation est délibérée et dans quel but ? Apparemment, il avait déjà entendu faire l'éloge de Gorbatchev par Vadim Zagladine, un de nos hôtes de 1975, qui venait parfois en France et avait vu quelques fois le président lors de réceptions diplomatiques.

Le tête-à-tête avec Gromyko : l'IDS

Le lendemain matin, le président est reçu en petit comité par Andreï Gromyko, ministre des Affaires étrangères et l'homme fort du régime à cette époque. Il est accompagné par Claude Arnaud, ambassadeur de France à Moscou, Jacques Attali et moi. Andreï Gromyko a avec lui deux collaborateurs silencieux, et la rencontre tourne au tête-à-tête.

Je prends méticuleusement des notes très précises car la discussion, longue et particulièrement intéressante, traitera de tous les problèmes diplomatiques et de défense du moment, depuis les relations URSS/États-Unis, les discussions de Genève, le Moyen-Orient, jusqu'aux rapports avec l'Europe et le tiers-monde.

Andreï Gromyko, qui parle avec assurance, évoque pour la première fois des possibilités de négociations réelles de réduction des armements, notamment nucléaires, et exprime ses inquiétudes en ce qui concerne l'IDS. François Mitterrand répond sans fard en exposant en détail la position de la France sur ces importantes questions. Ce tête-à-tête avec Gromyko a facilité, je pense, la reprise des pourparlers entre les deux blocs, interrompus depuis décembre 1979 par l'entrée des troupes russes en Afghanistan. Quelques mois plus tard, en septembre 1984, Andreï Gromyko rencontre George Shultz à New York et est reçu à Washington par Ronald Reagan. Puis, en janvier 1985, à Genève, Shultz et Gromyko conviennent d'entamer des pourparlers de limitations d'armements nucléaires, y compris dans l'espace. Ces pourparlers commencent à Genève le 12 mars 1985.

Gorbatchev au pouvoir

Juste après, le 10 mars, Constantin Tchernenko meurt. Roland Dumas est à Moscou et Andreï Gromyko, en le recevant le 11 mars, lui annonce cette disparition. Il lui révèle aussi le nom de son successeur : Mikhaïl Gorbatchev. Et il ajoute : « Il a un beau sourire, mais ses dents sont d'acier. »

François Mitterrand, qui vient assister aux funérailles de Tchernenko, accompagné de Roland Dumas, rencontre pendant une heure Mikhaïl Gorbatchev, assisté de Andreï Gromyko. Cet entretien est le premier d'une longue série, au cours desquels un véritable climat de confiance s'installe entre les deux chefs d'État.

J'ai eu le privilège d'assister à quelques-unes de ces rencontres et j'ai été frappé de voir avec quelle liberté et quelle aisance les plus grandes questions étaient abordées par eux. Il en fut ainsi en octobre 1985, lors de la visite de Mikhaïl Gorbatchev à Paris, sa première visite officielle dans un pays occidental. L'IDS est au centre de ces entretiens d'octobre.

Mikhaïl Gorbatchev veut redresser l'économie de l'URSS, réduire les dépenses d'armements, et surtout échapper au surcroît fantastique de la guerre dans l'espace. François Mitterrand exprime à nouveau son inquiétude : « Celui qui prend de l'avance peut être tenté d'en profiter, et celui qui redoute l'avance de son adversaire peut être tenté de le stopper. »

Au dîner, j'ai pour voisin de droite Jean-Baptiste Doumeng. Milliardaire rouge, grand exportateur en Russie de produits agricoles et familier de Gorbatchev qu'il avait reçu chez lui plusieurs années auparavant, il me fait son éloge, ce qui ne me déplaît pas. Par contre, il se lance dans une diatribe, complètement délirante, contre l'Occident, le capitalisme, les États-Unis et Israël.

Il prédit la victoire suprême du communisme par effondrement de l'Occident, aidé, si nécessaire, par l'explosion de quelques bombes atomiques bien placées. Ne voulant pas faire d'esclandre, je lui tourne le dos et jusqu'à la fin du repas je parle avec mon voisin de gauche.

Pendant toute la période de cohabitation, je ne pus assister aux discussions au sommet entre François Mitterrand et Gorbatchev, sauf une : en 1986, j'accompagnais le président, d'abord à New York pour célébrer le centenaire de la statue de la Liberté, puis ensuite à Moscou. Je n'ai pas conservé de cette rencontre d'impression dominante. Par contre, j'ai le souvenir d'une visite émouvante de la propriété de Léon Tolstoï.

Iasnaïa Poliana ressemble, avec des meubles en osier et de vieilles cretonnes, avec sa véranda ouverte sur un jardin désordonné, à ces maisons de campagne que l'on a pu voir dans le film russe *Oblomov*. Je contemple longuement le petit bureau, devant la fenêtre, sur lequel fut écrit *Guerre et Paix*, le roman préféré de mon adolescence, à la fois méditation sur l'Histoire et récit romanesque de personnages attachants et inoubliables, Natacha Rostov, Pierre Besoukhov, le prince André !

La réunification allemande.
La rencontre de Kiev

Dans l'année qui suivit sa réélection, le président a été confronté à la réunification allemande. On a beaucoup critiqué le président en l'accusant de ne pas l'avoir vue venir et d'avoir essayé de la freiner, au lieu d'aider Kohl à la réussir. Ces critiques me semblent tendancieuses et mal fondées. Je dirai ici ce que j'en sais.

Peu de temps après le « Baiser de la mort » donné par Gorbatchev à Honecker, le 9 novembre 1989, les autorités de l'Allemagne de l'Est annoncent l'ouverture de la frontière entre les deux Allemagnes et celle du mur qui sépare Berlin depuis vingt-huit ans. La joie éclate dans les deux Allemagnes. Des millions d'Allemands de l'Est vont faire une visite à l'Ouest... puis rentrent chez eux. La réunification est en marche. Le 30 novembre, Gorbatchev, en visite en Italie, proclame l'« intangibilité des frontières issues de la guerre ».

Le 6 décembre, a eu lieu la rencontre Gorbatchev/Mitterrand à Kiev. Bien que j'aie quitté l'Élysée pour prendre la présidence de la Société du tunnel sous le Mont-Blanc, le président m'amène avec lui à Kiev, avec le titre d'« invité spécial ». Je n'ai pas assisté au tête-à-tête entre les deux hommes, mais le président me le raconta après. Ils s'étaient mis d'accord sur une condition préalable à une éventuelle réunification allemande : la reconnaissance officielle et définitive par l'Allemagne de la frontière « Oder/Neisse » avec la Pologne imposée à l'Allemagne après sa défaite de 1945. Faute de quoi, la situation deviendrait explosive au centre de l'Europe.

Il ne faut pas oublier que la Première Guerre mondiale, cette guerre imbécile, qui blessa en profondeur l'Europe et fit cinq millions de morts, a son origine dans l'annexion par Bismarck de l'Alsace-Lorraine. Si, vingt ans après, Hitler a pu rassembler une large majorité d'Allemands dans sa folie meurtrière, ce fut notamment pour abolir le traité de Versailles, imposé à l'Allemagne qui ne l'acceptait pas.

Un peu plus tard, en décembre, François Mitterrand se rend en visite officielle en Allemagne de l'Est. Ceux qui le lui reprochent oublient qu'il y a déclaré ne pas vouloir freiner l'unité allemande : « Que la volonté du peuple s'exprime, qu'elle s'accomplisse ! »

S'ouvre, alors, une période chaotique d'à peu près deux mois — janvier et février 1990 —, au cours de laquelle les parties concernées essaient, à tâtons, d'arriver à un accord sur la réunification. Enfin, le 6 mars, le chancelier Kohl, après avoir essayé de temporiser, accepte de reconnaître l'intangibilité de la frontière Oder/Neisse avec la Pologne. Le 8 mars, un vote unanime[1] du Bundestag entérine cette décision. La guerre 1939-1945 est définitivement terminée, sans que soit semé le germe d'une nouvelle guerre. Je pense que la fermeté de François Mitterrand sur l'intangibilité des frontières y a été pour quelque chose. Je pense aussi que, si la Grande Europe se fait un jour, celle de l'Atlantique à l'Oural, comme le prévoyait Charles de Gaulle, cela sera un peu grâce à la reconnaissance définitive de la frontière Oder/Neisse. Et pourtant, le président a eu l'impression d'avoir été pris de vitesse et en garde un mauvais souvenir. N'a-t-il pas confié à Jean Daniel, du *Nouvel Observateur* : « Nous avons été pris de court par la rapidité de l'unification allemande. L'effondrement du mur de Berlin nous a surpris. Moi, mais Bush aussi. C'est la faute à Gorbatchev qui nous avait promis de freiner le processus de réunification allemande. Il n'a rien empêché. Au contraire[2]. » ?

Jacques Attali en rajoute. Il cite le président en date du 4 juin 1990 : « Vous voyez ce que je vous disais ! avec moi Gorbatchev fait le flambard. Mais, après il cède tout aux Américains en échange de quelques dollars[3]... »

Le président a-t-il dit ça de cette façon ? Toujours

---

1. Avec 5 abstentions.
2. Entretien rapporté par Josette Alia et Christine Clerc dans *La Guerre de Mitterrand*, Olivier Orban, Paris, 1991.
3. Jacques Attali, *Verbatim III*, Fayard, Paris, 1995.

Intéressé par l'«opération estimation» que j'avais inaugurée pour les élections présidentielles de 1965, François Mitterrand voulut me rencontrer. J'ai compris qu'il recherchait des hommes et des idées nouvelles pour l'accompagner dans sa conquête du pouvoir.

Je lui avais dit que je passais toutes mes vacances à Massevaques,
sur le flanc nord de l'Aigoual. Un soir d'été on sonne à la porte
de la cuisine de ma maison cévenole. C'était François Mitterrand...
Il prit ensuite l'habitude d'y venir passer quelques jours,
presque chaque année, et même bien après être
devenu président de la République.
Notre amitié fut colorée par nos conversations lors de longues
marches sur les drailles, dans l'odeur des genêts
et à la recherche des cèpes.

Le soir, devant le feu de hêtre, ou dans ma cuisine cévenole, nous avons vraiment appris à nous connaître.

Durant les années 70, François Mitterrand écrit un article pour *L'Unité*, pendant que mon fils et moi jouons aux échecs.

Les sujets essentiels de nos discussions étaient la politique, l'histoire,
la science, la spiritualité, mais surtout,
et avant tout, la littérature.

Au déjeuner à l'Élysée, le jour de la prise de fonctions de François Mitterrand, le 21 mai 1981, j'ai, *à ma gauche*, mon camarade d'adolescence (et de ski), Robert Badinter, Laurent Fabius, une jeune journaliste, Anne Sinclair, Jean Riboud...

Sortant d'une réunion, trois conseillers entourent François Mitterrand; *de gauche à droite*, Jacques Attali, moi-même et Régis Debray.

Pour le congrès de Metz du Parti socialiste, François Mitterrand voulant une délégation du parti travailliste d'Israël et une de l'OLP, me demanda de rencontrer Shimon Pérès. La mission réussira.

Pendant son premier mandat, j'accompagnais François Mitterrand à la plupart de ses rencontres avec les dirigeants américains et soviétiques. Me voici saluant Ronald Reagan.

Un dîner avec une délégation de dirigeants d'Arabie saoudite. Je suis entre le président et Jean-Louis Bianco (*à droite*, Jacques Attali). Je ne suis pas peu fier d'avoir contribué à mettre fin à la participation française au boycott arabe contre Israël.

En prenant le thé avec Jiang Zemin, ministre de la Défense de la République populaire de Chine dans les années 80, je ne savais pas encore qu'il serait président de son pays en 1993.

C'est à Paris, en 1985, que Mikhaïl Gorbatchev fit sa première visite officielle dans un pays occidental. Je salue les deux présidents et leurs épouses. J'ai eu le privilège d'assister à quelques - unes de leurs rencontres. Cette fois-ci c'est l'IDS (la «guerre des étoiles») qui était au centre des entretiens.
(© Présidence de la République française)

Sauf mention contraire, les photos appartiennent à la collection de l'auteur.

est-il qu'il était inattendu de tous, et particulièrement de Mitterrand, que Gorbatchev, lors de son entretien en Crimée avec Kohl en juillet 1990, acceptât la réunification allemande et la participation à l'OTAN de l'Allemagne unifiée mettant ainsi fin au désaccord avec l'Occident sur un traité de paix réglant la Seconde Guerre mondiale.

Déjà, trente ans auparavant, Khrouchtchev et Kennedy, ainsi qu'en témoigne dans ses Mémoires Dobrynine[1], ambassadeur soviétique à Washington, avaient essayé de fixer les frontières allemandes *de facto* par un traité de paix *de jure* afin de les rendre intangibles. Mais la République fédérale allemande, soutenue en cela par la France, n'entendait pas alors renoncer pour toujours aux provinces perdues, Prusse orientale, Silésie, Poméranie, ni aux habitants allemands qui y étaient restés. Après Adenauer, rien n'avait pu faire bouger les chanceliers successifs. Ni la guerre froide, ni la détente, n'avaient changé cette situation jusqu'à la disparition du mur de Berlin.

Gorbatchev était si pressé de cesser une fois pour toutes la guerre froide, d'asseoir la sécurité de l'URSS sur la coopération avec l'Occident et de bâtir une « Maison commune » en Europe, que, sans la fermeté de François Mitterrand, la frontière Oder-Neisse n'aurait probablement pas été reconnue de façon irréversible par un traité international.

Mais en laissant faire l'unité allemande, en acceptant le retour en Russie des troupes soviétiques stationnées depuis la fin de la guerre en Allemagne,

1. Dobrynine Anatoly, *op. cit.*

Gorbatchev se heurta aux durs du parti et aux chefs militaires, ce qui entraîna sa chute.

La chute de Gorbatchev

Là encore, les critiques furent vives contre François Mitterrand accusé de ne pas avoir condamné immédiatement le putsch de la junte de Moscou contre Gorbatchev.

J'ai, ce jour-là, longuement vu le président, lui ai écrit une note et l'ai entendu commenter à Jacques Pilhan ce qu'il pensait de cet événement et de ses suites. C'est ce que je vais rapporter ici. Les critiques émises ne sont-elles pas fondées sur une mauvaise interprétation d'une allocution télévisée trop hâtive et non sur la réalité de ses réactions ?

Le matin, j'apprends le putsch à la radio. Je me rends aussitôt dans mon ancien bureau de l'Élysée et dicte à ma secrétaire une note pour le président dont la substance est : « Les putschistes n'ont pas encore gagné. De plus, ce sont pour la plupart des personnages sans envergure[1]. » On a su plus tard que c'était une affaire peu claire, qui avait l'appa-

---

1. Ceci me fut confirmé par Alexandre Adler que je réussis à joindre au téléphone quelques heures plus tard. Il est encore plus catégorique que moi et les décrit comme une « bande de minables ». Boukovsky dans son livre *Jugement à Moscou* est encore plus définitif : « Ils avaient détruit le pays, ruiné l'économie et, pour finir, avaient échoué à monter un putsch potable. »

rence d'une révolution de palais, analogue à celle qui avait destitué Khrouchtchev. Mais, alors, le complot, mené de main de maître par Souslov, Brejnev et Podgorny, avait réussi.

Je monte aussitôt remettre cette note au secrétariat du président. Celui-ci me fait entrer dans son bureau et nous en discutons. Il me dit : « D'accord, ils vont échouer. On ne va pas contre le cours de l'Histoire... Mais est-ce dans trois jours, trois mois ou trois ans ? C'est ce qui importe aujourd'hui. »

Devant Jacques Pilhan, je lui ai répondu : « S'il me fallait absolument faire un pari, là, maintenant, tout de suite, je dirais trois jours. » Puis je suis sorti, laissant le président et Jacques Pilhan s'entretenir d'une allocution télévisée. Elle eut lieu le soir même et fut désastreuse car François Mitterrand donnait l'impression qu'il s'accommodait de ce qu'il croyait être le fait accompli.

Ainsi Gorbatchev était tombé. Il avait réussi à se maintenir au pouvoir dans une Union soviétique en délitement interne. Lucide sur ce qu'il convenait de faire pour changer, confiant dans les vertus de la perestroïka, il s'était — face aux difficultés accumulées — trop laissé influencer par les « durs », ces médiocres de l'appareil, qui refusaient d'abandonner le rôle dirigeant du Parti communiste.

Les problèmes de nationalités (Baltes, Ukraine, Caucase, etc.) ainsi que l'émergence d'une Allemagne réunifiée le firent basculer. Les militaires russes, inquiets de l'ambition de l'OTAN de s'étendre à l'Est (menaçant ainsi la sécurité des Russes), laisseront faire les durs.

Lorsque Gorbatchev fut nommé premier secrétaire en 1985, l'URSS était la deuxième puissance mondiale, à égalité avec les États-Unis. Les frontières politiques étaient encore celles héritées de la Seconde Guerre mondiale. L'influence soviétique se faisait sentir dans le monde entier. Partout, les politiques des autres nations devaient être établies en tenant compte des Soviétiques. Aujourd'hui, les frontières de la Russie sont redevenues celles du XVIIe siècle (avant l'union de la Russie et de l'Ukraine). L'économie est en ruine, les mafias omniprésentes, l'OTAN humilie la Russie en Yougoslavie et envisage, avec désinvolture, l'adhésion des pays du centre et de l'est de l'Europe.

Comment est-ce arrivé ? L'action d'un seul homme, Gorbatchev, peut-elle être la cause de si vastes changements ? Ou, tout au contraire, est-ce la sourde volonté des peuples aspirant à la liberté et au mieux-être qui finalement fit tout basculer ?

Que de chemin parcouru depuis que s'était noué, vingt ans auparavant, mon lien avec François Mitterrand, placé dès le début sous le signe de la question russe et du communisme ! Me souvenant du premier voyage à Moscou en 1975, du tête-à-tête avec Brejnev, des entretiens avec un Souslov assuré de sa vérité et de l'inéluctable triomphe du communisme, je mesure mieux encore l'immense bouleversement que constitue l'écroulement de l'empire soviétique.

La disparition de cette redoutable menace venue de l'Est va inéluctablement modifier toute la politique mondiale. La petite Communauté européenne, avant même de s'être consolidée, devra gérer une Allemagne puissante, intégrer des partenaires nouveaux aux mœurs politiques inadaptées et aux économies chancelantes. Va-t-elle en mourir ? L'Amérique, restée seule superpuissance, saura-t-elle s'adapter à cette nouvelle situation ? Et pour la France, comment tirer profit des nouveaux degrés de liberté ainsi apparus dans le jeu diplomatique européen ?

5

ISRAËL ET LES ARABES

Première rencontre avec Shimon Pérès – Ozirak – Boycott arabe. La circulaire Mauroy du 17 juillet 1981– Fin de la participation française au boycott – Voyage en Arabie Saoudite – Voyage en Israël – Les difficiles négociations de paix – Les pourparlers du Caire (27 décembre 1993).

Un autre sujet de politique étrangère, auquel je fus constamment mêlé, a occupé toute la durée des deux septennats : Israël et les pays arabes. C'est l'objet du présent chapitre. Que de violence et que de haine ! Mais aussi que d'espoirs, toujours renouvelés, de voir la paix s'instaurer sur cette terre de Palestine. Un homme, Shimon Pérès, a participé tout au long aux rapports entre François Mitterrand et Israël. Aussi, convient-il de commencer par lui, ce grand ami de la France, ce visionnaire de la paix.

Première rencontre avec Shimon Pérès

En mars 1979, une ou deux semaines avant le congrès de Metz, François Mitterrand, apprenant que je devais aller passer quelques jours de vacances en Israël, me demande un service. Je passe le voir à son bureau, rue de Bièvre. Il s'y trouve avec Lionel Jospin. Il me demande de rencontrer Shimon Pérès à Tel-Aviv et m'explique pourquoi. Le Parti travailliste d'Israël a soudain décidé de ne pas envoyer de délégation au congrès de Metz en apprenant que l'OLP y était invitée. Il faut expliquer à Shimon Pérès, dirigeant du Parti travailliste, que cette absence, et pour ce motif, va nuire à François Mitterrand à un moment crucial pour lui.

Il ajoute : « Débrouillez-vous pour qu'il envoie sa délégation. On logera l'OLP hors de sa vue. Ils assisteront à des séances différentes du congrès, de façon à n'avoir jamais à se rencontrer, ni à se parler. Accordez-lui ce qu'il veut en retour. S'il y a un vrai problème, téléphonez-moi. »

Et me voici arrivant le soir à l'aéroport à Tel-Aviv. Quelqu'un, que je ne connais pas et qui ne me connaît pas, est censé me réceptionner. Je passe le contrôle de police, les douaniers. Dehors, dans la nuit chaude au milieu d'une cohue coutumière à l'Orient, je ne sais où aller.

Un homme de mon âge, chemisette ouverte, s'avance vers moi et me dit, en excellent français : « Suivez-moi... La France est-elle toujours aussi belle ? » Cet homme est né sur les bords de la Loire, à Roanne, dans une communauté juive très vivace et très éprouvée par la guerre. Ses parents ont été déportés et sont morts. Il porte le nom d'Avidor, qui lui fut donné lorsqu'à seize ans, à la fin de la guerre, il émigra de Roanne en Israël. Ce kibboutzim[1] est un collaborateur proche de Shimon Pérès.

Après un arrêt chez Israël Gatt qui, au Parti travailliste, est en charge des relations avec les autres partis de l'Internationale socialiste, vers 1 heure du

1. Membre d'un kibboutz franco-anglais situé en première ligne du front avec la Syrie.

matin, je suis conduit dans le petit appartement dans lequel Shimon Pérès habite à Tel-Aviv. Je transmets la demande de François Mitterrand et j'en explique la raison.

Shimon Pérès pose quatre conditions. J'en accepte trois et, pour la quatrième, en dépit de l'heure avancée, je téléphone en France à François Mitterrand. Il ne dormait pas, m'écoute et dit oui. Shimon Pérès accepte alors que la délégation israélienne vienne à Metz. Ma mission est terminée. Je pars. Le tout a duré moins de vingt minutes... mais, aura des conséquences importantes que je ne pouvais évidemment pas connaître à cette date.

D'abord Shimon Pérès est devenu un ami. Ensuite, la confiance qui s'est établie entre nous a permis de faire passer, par moi, des messages qui ne pouvaient être confiés à la voie diplomatique. Pendant tout le temps de mon travail à l'Élysée, j'ai ainsi pu être utile à des moments critiques aux relations franco-israéliennes. J'ai également maintenu un contact étroit avec Jean Frydman, son ami et conseiller pour les sondages, ce qui a pu se révéler utile pour lui lors des élections en Israël. Plus loin, je ferai le récit de mon intervention lors de la crise franco-israélienne à propos des Scud que les Irakiens lancèrent sur Israël et comment le crédit que j'avais acquis auprès de Jean Frydman et de Shimon Pérès a pu servir la France et le président.

Enfin, cette mission réussie donnera, en 1981, à François Mitterrand l'idée de me confier le dossier de la sortie de la France hors du boycott auquel les pays arabes avaient soumis Israël.

Le lundi 8 juin 1981, jour de Pentecôte, j'étais de garde à l'Élysée. C'était ma première permanence. On m'avait succinctement communiqué les consignes, et elles étaient simples :

« Si quoi que que ce soit pose problème, tu appelles le secrétaire général de l'Élysée et tu lui demandes quoi faire. Autrement, c'est toi qui es en charge de l'État. Tu représentes et parles au nom du président de la République... Voici les différents téléphones, Interministériel, REGIS, etc., qui te lient aux centres de décision et aux autorités civiles et militaires. Les employés du standard téléphonique sont formidables et peuvent joindre à l'étranger toute personne à qui tu dois communiquer[1]. Voici le coffre dans lequel tu trouveras, à Dieu ne plaise, des instructions particulières dans tel ou tel cas, prévus à l'avance et qui y sont listés... La clef du coffre te sera remise par le permanent que tu viendras remplacer le matin. »

La permanence était constituée de deux pièces et d'une salle de bains. La salle à manger, spacieuse, servait aussi de salon, et l'on pouvait recevoir quelques amis à dîner. Dans la chambre à coucher, deux lits jumeaux étaient pudiquement séparés par une table de nuit. On pouvait, en principe, ne pas être seul la nuit. La présence des épouses légitimes ne posait pas de problème. La ques-

1. C'était vrai. On pouvait dire : « Je veux parler au roi d'Espagne » et, dix minutes plus tard, l'avoir au bout du fil. Ce besoin est arrivé un jour à un autre permanent.

tion des petites amies — ainsi courait la rumeur — avait été tranchée favorablement par le président.

La journée s'était passée agréablement et dans le calme. Le téléphone était resté pratiquement au repos — à part quelques broutilles. Toutes les deux heures, le planton m'apportait les dépêches d'agence. Il n'y était pratiquement fait mention que d'événements sportifs. Soudain, le téléphone sonne. Il est aux environs de 16 heures. C'est le permanent du ministère des Relations extérieures : « Monsieur le Conseiller, des avions, venus d'Israël, viennent de bombarder la centrale atomique d'Osirak[1]. Elle serait complètement détruite. On ne sait pas s'il y a des victimes. Je vous rappellerai... »

Aussitôt, je demande au standard de joindre Pierre Bérégovoy, à l'époque secrétaire général de l'Élysée.

Au bout de quelques instants, on me dit qu'il est injoignable. Ayant séjourné pendant le long weekend de la Pentecôte dans sa maison de campagne, il avait repris la route de bonne heure pour rentrer à Paris avant que les bouchons ne rendent la circulation trop pénible. Le radiotéléphone de sa voiture n'accroche pas.

Le Quai d'Orsay rappelle : « Il y aurait des morts parmi le personnel français qui faisait marcher la centrale. Le directeur[2] de cabinet du ministre pré-

---

1. Au terme d'un contrat, la France avait fourni à l'Irak une installation des recherches nucléaires, dérivée de nos installations de recherche d'Orsay et cela, en dépit des protestations de l'État d'Israël. Le Parti socialiste français avait condamné cette livraison dangereuse du nucléaire.

2. À l'époque, François Scheer était le directeur du cabinet de Claude Cheysson, ministre des Relations extérieures.

pare pour le ministre un communiqué de protestation. »

Ayant une certaine idée des opinions de Claude Cheysson sur Israël et les Arabes, je déclarai :

« Il n'est pas question d'un communiqué qui ne serait pas approuvé par le président de la République. Envoyez-moi ce projet et je vous rappellerai. En attendant, essayez d'en savoir un peu plus sur les victimes. »

Les dépêches d'agence se succédaient à un rythme croissant. Mais elles ne disaient rien de plus, sinon qu'il y aurait eu un mort français. Celui-ci était venu travailler, en dépit de consignes contraires. Un communiqué en provenance d'Israël faisait état d'un raid d'une dizaine d'avions et de la destruction totale de la centrale qui menaçait de produire des bombes atomiques, danger mortel pour Israël. À 18 h 30, la situation n'avait pas évolué. La voiture de Pierre Bérégovoy ne répondait toujours pas. François Scheer m'avait finalement lu, au téléphone, son projet de protestation. Il me parut brutal, péremptoire. Je lui refusai l'autorisation de le publier avant que le président l'ait approuvé.

Pierre Mauroy, Premier ministre, m'appelle alors par téléphone et me dit en substance : « Je passe, ici à Lille, sur *Europe 1* dans quelques minutes. Que dois-je dire ? Je ferai évidemment ce que veut le président. »

Je le mets au courant de mon impuissance à joindre le président et Pierre Bérégovoy. Il avait connaissance du projet de communiqué du Quai d'Orsay et doutait, comme moi, que le président en soit satisfait. Pierre Mauroy savait parfaitement que

François Mitterrand avait toujours condamné la fourniture de cette centrale nucléaire à l'Irak.

« Bien. Si je n'ai pas d'appel de vous d'ici quelques instants, j'aviserai et ferai au mieux. »

Je branche la radio sur *Europe 1* avec l'anxiété que l'on peut imaginer. Que pouvais-je faire de plus ? Pour une première permanence, j'étais gâté. Enfin, j'ai Pierre Bérégovoy en ligne. Sa voiture, coincée par des embouteillages, roule au pas. Dès qu'il peut, il me rejoint à l'Élysée, mais il ne dispose pas de motards pour lui ouvrir la route. Il m'approuve d'avoir stoppé le communiqué du Quai d'Orsay et va, lui aussi, écouter *Europe 1*.

Pierre Mauroy est parfait : il déplore « l'acte de guerre », mais rappelle que la paix n'a pas été signée entre l'Irak et Israël. S'il y a des victimes, ce qui n'est pas sûr encore, il s'associe à la douleur des familles, et rappelle la position de François Mitterrand qui trouvait dangereux le contrat d'Osirak.

Pierre Bérégovoy arrive enfin. Il joint le président au téléphone. Puis il rédige le communiqué qui devra être diffusé par le Quai d'Orsay. Le communiqué est assez voisin de la réaction de Pierre Mauroy, mais avec la touche habile et ferme du président. On appelle, par le standard, la secrétaire de permanence pour qu'elle tape le communiqué. Elle est partie. Il n'y en a pas une seule autre de service à l'Élysée ce soir-là. C'est mon épouse qui tape le communiqué et un motard va le porter au Quai.

J'apprendrai quelques mois plus tard, de Shimon Pérès, que le raid avait été initialement programmé pour avoir lieu le jour même de la prise de fonction de François Mitterrand. Shimon Pérès, leader de l'opposition et, à ce titre, tenu au courant par le Premier ministre Menahem Begin, avait réussi à le convaincre de repousser la date qui aurait paru être une provocation contre la France, fournisseur d'Osirak.

J'ai ainsi connu le « baptême de la responsabilité » plus vite et plus fort que je ne l'aurais souhaité, mais content d'avoir été de permanence ce jour-là.

Le 19 août 1981, Tarek Aziz, vice-Premier ministre d'Irak, demande à Paris la reconstruction des réacteurs détruits par le raid aérien d'Israël. Des pourparlers sont ouverts. François Mitterrand demeure hostile à toute livraison nucléaire à l'Irak. Ces pourparlers sont interrompus en 1983.

Onze ans plus tard, Saddam Hussein défia la communauté internationale lors de la guerre du Golfe. L'issue en eût été probablement différente si le programme militaire nucléaire de l'Irak n'avait pas subi un retard considérable, suite au raid sur Osirak et si l'Irak avait pu, de façon crédible, exercer un chantage avec des Scud à charge nucléaire. Pire encore, le feu nucléaire aurait alors pu frapper Israël, ou les troupes américaines stationnées en Arabie Saoudite, avec des conséquences incalculables.

Boycott arabe. La circulaire Mauroy du 17 juillet 1981

Peu de temps après le raid israélien contre Osirak, qui avait, dans tout le monde arabe, provoqué des réactions verbales très violentes mais aussi quelques satisfactions bien dissimulées, je fus appelé dans le bureau de Michel Charasse. C'était un petit bureau, au dernier étage de l'aile centrale de l'Élysée. On y accédait par un escalier assez raide et j'y arrivai essoufflé. Aussitôt assis en face de Michel Charasse, il me dit : « Tu sais que le président s'est engagé, une fois élu, à sortir la France du boycott arabe contre Israël. Je n'arrive pas à mettre d'accord là-dessus le gouvernement et le CRIF[1]. Avec l'accord du président, je te passe le dossier. Étudie-le, si tu vois comment faire, parles-en au président. Je ne crois pas que tu réussisses, mais c'est urgent. »

J'appris, en consultant le dossier, que l'Assemblée nationale précédente avait voté une loi faisant un délit pour une entreprise française de se soumettre aux règles prescrites par la Ligue arabe contre le commerce avec Israël. L'application de cette loi avait été suspendue, au nom de l'intérêt national, par le Premier ministre à l'époque. Le président veut que Pierre Mauroy abroge cette décision de Raymond Barre.

Les chefs d'entreprise faisant commerce avec les pays arabes, les banques françaises, les services du commerce extérieur, l'administration du ministère de l'Économie et des Finances et les ministres concernés sont opposés à ce que l'on modifie la situation prévalante. Ils prétendent tous qu'autrement la France, seule nation européenne à braver les règles du boycott, et les opérateurs français perdraient une large part de leurs marchés.

Je pris contact avec le CRIF et entamai des pourparlers avec André Wormser. André Wormser était

1. Le CRIF est l'organe de coordination des institutions israélites en France.

banquier. Sa banque ne figurait pas dans la liste des banques à nationaliser car elle n'en atteignait pas la limite de taille. Son père avait été au cabinet de Georges Clemenceau pendant toute la période où le Tigre était à la tête du gouvernement, lors de la Première Guerre mondiale. Il était lui-même intensément patriote et ne supportait pas que son pays, la France, participât à un boycott d'inspiration raciste. En effet, la Ligue arabe exigeait des entreprises qui voulaient travailler avec les pays arabes, non seulement l'absence de liens commerciaux avec Israël, mais aussi l'engagement, puis la preuve, qu'il n'y avait pas de juifs dans leurs conseils d'administration, ni dans ceux de leur maison mère, ni dans ceux de leurs filiales[1].

André Wormser était assisté juridiquement par le professeur Bismuth, spécialiste reconnu du droit commercial international et qui, pour le CRIF, aidait à poursuivre les cas les plus inacceptables de pratiques illégales du boycott. Assez rapidement, j'obtins leur accord sur le texte d'une circulaire que le Premier ministre pourrait publier et qui mettrait fin aux effets de l'arrêté de Raymond Barre. Soucieux de ne pas nuire, plus que nécessaire, aux opérateurs français, le texte était très mesuré. Je le soumis au président qui le trouva trop laxiste. Il le durcit un peu et l'adressa en projet à Pierre Mauroy en lui demandant de le signer au plus vite. Il me

1. Lorsque l'affaire Oréal/Jean Frydman sera rendue publique par la presse française et américaine, on verra que même les plus belles sociétés françaises étaient vulnérables à des pratiques de chantage, déclenchées par certaines administrations des pays arabes.

donne comme instruction de n'accepter aucun changement sans son autorisation.

À quelques jours de là, je me retrouvais à Matignon, pour participer à une réunion interministérielle sur ce sujet, sous la présidence du Premier ministre. Il y avait là Michel Jobert, ministre d'État, ministre du Commerce extérieur, Jacques Delors, ministre des Finances, un membre du cabinet du ministre des Relations extérieures, un autre de la Défense, Marceau Long, secrétaire général du gouvernement et une bonne douzaine de hauts fonctionnaires ou membres de divers cabinets. C'était la première réunion interministérielle à laquelle j'assistai. Je ne l'oublierai jamais car, en fait, je n'y assistais pas comme témoin venu de l'Élysée, mais comme cible.

Pierre Mauroy commence la réunion, en rappelant l'objet, à savoir l'abrogation de l'arrêté de Raymond Barre et passe la parole à Marceau Long qui ouvre le feu : « Vous avez tous reçu le projet de circulaire du Premier ministre. Le conseiller technique du président, Charles Salzmann, se refuse à le modifier. Quelqu'un demande-t-il la parole ? »

Aussitôt, je demandai la parole et dis, intimidé, avec un sourire d'excuse et à voix douce : « Ce n'est pas moi qui m'y refuse, mais le président de la République. » Les interventions se succédèrent alors, chacun dans le même sens négatif. Ainsi, Jacques Delors explique que sortir la France du boycott arabe accentuera le déficit du commerce extérieur de plusieurs dizaines de milliards de francs et coûtera en année pleine 100 000 chômeurs de plus. Michel Jobert dit : « On ne pourra pas tenir cette ligne politique longtemps, il faudra faire machine arrière. Alors, pourquoi s'y engager si c'est pour reculer ? »

Diverses modifications sont proposées, toutes édulcorant le texte initial. Pierre Mauroy se lève alors et me dit : « Examinez ces propositions. Quand vous serez arrivé à un texte qui donne satisfaction au président, montez me voir et je le signerai... évidemment. » Il quitte la salle. La réunion se poursuit. Face aux arguments de droit, nombreux et précis, d'après lesquels le texte était contraire à ceci, à cela, ou encore à l'esprit de tel article, je m'abritais derrière mon incompétence juridique et faisais appel au simple bon sens pour en montrer l'affadissement qui en résulterait. Au bout d'une heure, Marceau Long leva la séance.

Je montai voir le Premier ministre qui signa, sans modification, ce qui, depuis, est connu sous le nom de « circulaire Mauroy du 17 juillet 1981 » et qui en fait interdisait aux entreprises françaises de se soumettre aux règles du boycott arabe contre Israël[1].

Deux jours plus tard, je reçus de Marceau Long un exemplaire dédicacé de son ouvrage sur la Constitution. Cette dédicace, qui faisait l'éloge de ma compréhension « naturelle » du droit, m'a causé le plus grand plaisir.

Cette affaire n'était pas terminée pour autant. La levée de boucliers fut générale. Le président, déjà critiqué pour avoir nui aux ventes d'armes françaises à l'étranger, à la suite du Salon du Bourget, fut harcelé de protestations et de mises en garde. L'association française des banques mobilisa même un

1. Voir en annexe la « Circulaire Mauroy » du 17 juillet 1981.

de ses dirigeants de la banque Paribas, Claude de Kemoularia, ami du président. Après la visite qu'il lui rendit, le président m'appela dans son bureau et me mit au courant de tout ce remue-ménage. Il avait envie de gagner du temps. Il me demanda mon avis. Je lui dis que la situation déplorable à laquelle il voulait mettre fin durait depuis déjà si longtemps qu'on pourrait envisager une période transitoire pour ajuster le tir et convaincre les différentes parties prenantes. Le président écrivit alors, le 4 août 1981, à Jacques Delors pour que soit instituée une période transitoire. Il me chargea ensuite de m'adjoindre Claude de Kemoularia pour suivre cette affaire et mettre au point les modalités qui seraient appliquées le jour venu. Claude de Kemoularia avait les meilleures relations avec les principaux dirigeants économiques arabes car il avait créé pour Paribas des filiales dans tout le Moyen-Orient.

Fin de la participation française au boycott

Je dus temporiser un an. Mais cette année fut utile. Un petit groupe de travail réunissait, à intervalles réguliers, à l'Élysée, sous ma direction, Claude de Kemoularia, André Wormser, Bismuth, le président de l'Association française des banques, le directeur de la COFACE et Boudier, jeune et talentueux fonctionnaire. Le groupe mit au point les projets de modifications des législations de chacun des pays arabes qui se révéleraient nécessaires si l'on voulait que les opérateurs français puissent les respecter tout en ne contrevenant pas aux lois françaises ainsi qu'à la circulaire Mauroy.

Après un bref entretien avec Michel Jobert, que j'avais tenu au courant et qui jugeait le moment venu de lancer notre action, Christian Sauter et moi-même écrivîmes au président pour lui demander son feu vert. Aussitôt après, de Kemoularia et Boudier firent de très nombreuses missions dans les différents pays arabes. Dans l'ensemble, les résultats furent exceptionnellement bons.

La plupart des pays arabes amis auxquels de Kemoularia expliqua la position du président modifièrent leurs règles et lois dans le sens voulu, les autres choisirent souvent de fermer les yeux. La France ne perdit ni un contrat, ni un ami dans les pays arabes. Israël put constater que François Mitterrand avait tenu ses engagements et que la France était redevenue amie. La communauté israélite en France en fut reconnaissante, mais moins qu'elle l'aurait dû par suite de l'interférence d'autres événements.

Quelques années plus tard, Jean Kahn, le nouveau président du CRIF, demanda et obtint de François Mitterrand qu'il intervienne, au niveau européen, pour que nos partenaires du Marché commun suivent le même chemin que la France.

Voyage en Arabie Saoudite

Le 26 septembre 1981, le président effectue en Arabie Saoudite la première visite d'État depuis son élection.

Le roi Khaled le reçoit à Taef, la capitale d'été. Le président est accompagné de ministres et de quelques conseillers, dont je suis. Les Saoudiens sont dans l'expectative vis-à-vis de François Mitterrand. Ils jugent négativement la présence de ministres communistes au gouvernement. Ils s'interrogent sur la réputation « pro-Israël » du président. Ils déplorent qu'après le raid israélien contre Osirak la France ait déclaré au Conseil de sécurité des Nations unies ne pas demander de sanction. En revanche, le prince Fahd, héritier du trône, est satisfait du soutien affiché par la France au plan de paix proposé par lui et qui porte son nom. Ce plan comporte, pour l'essentiel, la reconnaissance d'Israël en échange de l'évacuation des Territoires occupés.

Dans l'avion présidentiel, qui me mène à Taef, je me demande ce qui se passerait si les autorités saoudiennes me refoulaient. Car, officiellement, ils n'acceptent pas l'entrée de juifs sur leur territoire[1]. Que ferait alors François Mitterrand ? Heureusement, rien de tel ne se passe. Nous sommes conduits dans un admirable palais moderne, après avoir parcouru la route de l'aéroport jusqu'à Taef entre deux rangées de soldats postés tous les vingt mètres et derrière lesquels se tient une population clairsemée mais enthousiaste.

Lors du dîner de gala qui nous est offert, je suis assis à la droite d'un jeune homme, charmant, parlant un excellent français. Une conversation banale et mondaine s'engage. Je lui demande à un

1. J'avais entendu dire qu'une telle mésaventure était arrivée à un journaliste français lors d'une visite de Valéry Giscard d'Estaing.

moment : « Où passez-vous vos vacances ? » « À Megève, régulièrement. » Après ces préliminaires, ce jeune prince m'informe qu'il est le chef des services de sécurité extérieure du royaume. Pourquoi l'a-t-on mis à côté de moi ? Le lait de chamelle est le meilleur souvenir que je conserve des mets servis ce soir-là.

Le lendemain, de bon matin, l'aide de camp du président vient me chercher. Le président veut que je partage son petit déjeuner. Il a mal dormi. Une douleur dans le bas du dos, genre sciatique, lui a gâché sa nuit.

Je me souviens avec beaucoup de clarté des deux heures passées ce matin-là, à la fraîche, sur la terrasse. Il me fit l'historique de la création de l'État d'Israël... que j'ignorais en grande partie et décrivit, en citant la Bible, comment Abraham était arrivé à Hébron. Il me raconta en détail ses entretiens avec le roi Khaled et se félicita de la qualité des rapports qui s'étaient vite établis entre eux. Ils s'étaient reconnus l'un l'autre, deux vieux sages, archaïques dans ce monde moderne.

François Mitterrand m'expliqua pourquoi le conflit entre Israël et les Arabes n'était pas près de se résoudre, alors même qu'il semblait que des négociations, de bonne foi de part et d'autre, permettraient de trouver des solutions, même pour une Jérusalem démilitarisée qui pourrait devenir, avec ses lieux saints de trois religions, un symbole de paix. Il me dit qu'il se rendrait bientôt en Israël et qu'il y tiendrait le même discours qu'ici en Arabie. Il dirait à chacun la même chose, sans changer de langage suivant l'interlocuteur.

Le jour du départ, j'eus l'heureuse surprise de recevoir, en guise de cadeau, une décoration de l'ordre d'Ibn Séoud. C'était la première décoration de ma vie[1]. Elle me fit plaisir et je la pris comme un signe favorable pour l'issue de l'action que j'allais entreprendre pour faire sortir la France du boycott arabe et, par là même, contribuer à la paix, même de façon minime.

Voyage en Israël

Le 3 mars 1992, François Mitterrand se rend en voyage officiel en Israël. Je l'accompagne. Il y a encore plus de personnalités qu'en Arabie Saoudite. L'occasion est en effet solennelle, c'est la première visite d'un chef d'État européen depuis la création de l'État d'Israël. À Jérusalem, nous sommes logés à l'hôtel King David. Au cours du premier entretien, Menahem Begin explique avec fureur que les « tueurs de l'OLP » se servent du Liban pour attaquer les kibboutz et villes proches de la frontière. Il dit que cela ne peut plus durer et propose à François Mitterrand de faire connaître à ses collaborateurs les détails des implantations des forces armées de l'OLP au Liban. François Mitterrand nous désigne Pierre Bérégovoy et moi-même.

Je me retrouve dans une salle bien gardée avec Pierre Bérégovoy, devant des cartes d'état-major du Liban, portant des indications de différentes

1. Depuis, j'ai reçu, avec un bonheur chaque fois renouvelé, deux très hautes distinctions d'États étrangers, l'Égypte et l'Italie, conférées par le président Moubarak et le président Cossiga.

couleurs avec les chiffres d'effectifs et d'armements lourds. Un général trapu et excité nous explique pourquoi et comment il fallait réduire ces bases de terroristes. C'était le général Sharon. Trois mois plus tard, le 6 juin, l'armée israélienne envahissait le sud-Liban.

Au dîner dans la grande salle de la Knesset avec, aux murs, des tapisseries de Chagall, Menahem Begin célèbre l'ami de toujours qui, jeune ministre à l'époque, aida l'*Exodus* à quitter le port de Marseille lors de sa tentative pour forcer le blocus britannique. François Mitterrand laisse de côté son discours préparé et exprime avec ardeur son amitié pour Israël.

Le lendemain, le bruit court à l'hôtel, dans la délégation française, que François Mitterrand a passé la nuit à réécrire le discours qu'il doit prononcer tout à l'heure à la Knesset. François Mitterrand y dit la même chose qu'en Arabie Saoudite : « Négociations, à partir de la résolution 242 de l'ONU, entre Israël aux frontières sûres et reconnues et l'OLP, interlocuteur dès lors qu'il aura reconnu l'État d'Israël. Ces négociations conduiront à un État palestinien, le moment venu. »

Ainsi, il avait parlé d'Israël à Taef et des Palestiniens à Jérusalem, en tenant le même langage aux deux belligérants.

Les difficiles négociations de paix

Treize ans plus tard, les négociations n'ont toujours pas abouti à la paix. Tout au long, j'ai assisté aux espérances, aux désillusions, aux interminables alternances de violences et de pourparlers. François Mitterrand a su maintenir le cap, a su préserver, et ce fut parfois difficile, l'amitié avec Israël et la confiance d'Arafat, dont il a sauvé par deux fois l'existence au Liban.

Face à l'incompréhension et parfois l'hostilité d'une partie de la communauté juive française, il a toujours su expliquer : « Si Israël veut la paix, il ne peut l'avoir qu'en discutant avec ses ennemis. » Pendant toute cette période, j'ai souvent fait passer au président des messages de Shimon Pérès. Mais jamais cette paix n'aurait pu advenir sans l'action infatigable d'Hosni Moubarak, le président égyptien. Je me souviens notamment d'un entretien important avec François Mitterrand au Caire en décembre 1993 auquel j'ai assisté.

Les pourparlers du Caire (27 décembre 1993)

Le déjeuner est offert à François Mitterrand par le président Moubarak. Y assistent l'ambassadeur Leclerc, un Égyptien qui doit être le ministre égyptien des Affaires étrangères et qui restera totalement silencieux, et moi-même.

La conversation consiste en un tour d'horizon

diplomatique avec, comme préoccupation centrale, les pourparlers entre Israël et l'OLP. Sur la Libye, François Mitterrand affirme que les Libyens suspects des attentats aériens doivent être jugés et que Kadhafi se fait des illusions s'il pense pouvoir y échapper. Moubarak dit que ces hommes sont proches de Jalloud. De ce fait, on ne peut les livrer aux États-Unis, car cela entraînerait probablement un coup d'État. François Mitterrand insiste. Moubarak pose la question de savoir si un jugement en pays neutre, Suisse ou Hollande, serait acceptable. François Mitterrand dit que La Haye, certainement pas, car ce n'est pas là le rôle de ce tribunal, mais qu'il convenait de réfléchir à une possibilité suisse.

De plus, Moubarak informe François Mitterrand que Kadhafi a payé entre 5 et 15 millions de dollars à des intermédiaires qui se faisaient fort — à tort évidemment — d'infléchir les exigences de Washington. Kadhafi lui a même montré une lettre, sur papier à en-tête officiel des États-Unis, allant en ce sens ! Moubarak, l'ayant lue, lui a dit que c'était évidemment un faux et lui a même signalé une faute d'orthographe.

Sur l'Algérie, Moubarak se montre confiant dans l'avenir et que l'on y saura mater les intégristes. D'après lui, l'argent de l'Iran et peut-être de l'Arabie Saoudite permet seul au FIS de poursuivre son action. Sur la Syrie, il est convaincu qu'Assad, lors de sa prochaine rencontre avec Clinton, traitera, pour tirer le maximum de la situation présente qui se présenterait, pour lui, sous un jour moins favorable dès lors qu'Israël et l'OLP enclencheraient vraiment le processus de désengagement progressif et de paix prévu au protocole d'Oslo.

Étant ainsi conduit à la question du jour, il

raconte en détail à François Mitterrand ses entretiens avec Arafat et Rabin. Il est évident qu'il donne entièrement raison — comme François Mitterrand — à la position de Rabin qui déclare impossible — et d'ailleurs contraire au protocole d'Oslo — d'abandonner à ce stade le contrôle des points de passage entre les territoires évacués par Israël (Gaza et Jéricho) et les autres pays arabes. Sinon les terroristes et les armes y entreraient librement et de là, en Israël, car il est convenu que les frontières entre ces territoires évacués et le reste du pays seraient à terme perméables pour permettre le développement des économies complémentaires de ce pays.

Moubarak a dit à Arafat : « Si tu n'acceptes pas, ici et maintenant, ce que te propose Rabin, alors tu te mets en position d'infériorité vis-à-vis de la Syrie qui se fera payer un très bon prix pour aider à fléchir ton obstination. Ce prix, tu peux — comme tu l'as fait à Oslo — l'avoir pour l'OLP tout seul. »

La rencontre entre Shimon Pérès et Abou Mayal est prévue pour le soir même. Moubarak les verra séparément l'un et l'autre avant. Il entend s'impliquer totalement dans ce processus de paix.

Entre-temps, le déjeuner se poursuit agréablement : mézès, crevettes grillées, agneau et, comme dessert, un « Mont Blanc », dit Moubarak avec un sourire à mon intention. Était-ce une allusion à mes fonctions passées ?

Des entretiens de cette nature, sur le sujet d'Israël et de l'OLP, menés par les deux interlocuteurs, Shimon Pérès et Arafat, que le destin avait désignés pour être les artisans de la paix, François Mitterrand en eut d'autres, qui lui permirent d'accompagner ce processus lent et difficile. Pour ma part, j'avais cessé d'y assister.

6

LA GUERRE DU GOLFE

Les préparatifs – L'affaire des Scud.

Les préparatifs

La guerre du Golfe a constitué pour moi un moment capital. J'ai eu le privilège d'en suivre, d'assez près, le déroulement auprès de François Mitterrand, mais surtout d'avoir une action que seule a permise la confiance qui s'était établie entre quelques personnes et moi au cours de toutes ces années.

J'en rapporterai ici certains moments.

Le 2 août 1990, l'armée irakienne envahit le Koweït.

À Massevaques, où je passais mes vacances, je suis très inquiet ! Les puissances occidentales vont-elles, une fois de plus, reculer devant les armées d'un dictateur brutal[1] ?

Le 4 août, au matin, le président me téléphone.

Quand je lui demande ce qu'il pense de ces événements :

---

1. Je suis aussi inquiet pour ma fille Juliette, en poste à Tel-Aviv comme attaché culturel à l'ambassade de France en Israël.

— Cela finira mal. Je l'ai su dès le premier moment.

Je le pousse à préciser ce qu'il entendait par mal.

— Cela finira mal, dites-vous, mais mal/bien ? ou au contraire mal/mal ?

— Oh, pas mal/mal, ajoute-t-il. Les Américains sont trop puissants et surtout ils ne veulent pas reculer. Bush est déterminé. Ce sera la guerre — inévitable. Nous, on sera solidaire des Américains. Je l'ai dit à Bush.

Le 10 octobre. Après un déjeuner chez Vong auquel le président m'a invité, nous faisons une courte promenade dans Paris. Il est pessimiste car la guerre lui semble inévitable.

— Nous ne pouvons pas rester en dehors en disant que cela ne nous concerne pas. On deviendrait une puissance de deuxième ordre si l'affaire se réglait sans nous... Ce qu'il faut, c'est éviter la casse au maximum... Et puis, il faudra être avec les Américains tout le long, ne serait-ce que pour leur éviter de faire des bêtises... Ils manquent de finesse.

Le 21 octobre. Je lui donne une courte lettre manuscrite après avoir longuement rencontré Jim Hoagland. Ce journaliste, lorsqu'il est de passage à Paris, aime bien venir bavarder avec moi. Cela fait dix ans que nous nous connaissons. Il est une source fiable d'informations sur les États-Unis.

Cher Président,

J'ai déjeuné aujourd'hui avec Jim Hoagland du Washington Post *(et de l'*Herald Tribune*). Il m'a dit certaines informations que je vous transmets ci-après :*

— Lors de la fameuse réunion entre Bush et les leaders

parlementaires du 21 septembre, les démocrates ont apporté leur soutien à une opération militaire contre l'Irak ! à condition qu'elle n'ait pas lieu avant le 8 novembre (date des élections américaines).

— Un aide de Bush a dit à Jim Hoagland qu'une opération de guerre, probable, devait apparaître comme une décision prise « not in anger, but in sorrow » *(traduction : « pas en colère, mais à regret »).*

— Jim Hoagland pense que tout ce qui se fait et se dit à Washington actuellement a pour objet principal de « préparer le discours de Bush au peuple américain » pour expliquer — le jour venu — sa décision.

Avec ma fidèle amitié.
Charles Salzmann

Le 19 décembre. Je plaide pour des élections législatives anticipées[1] à un moment où le président se trouve très haut dans les sondages. De cette façon, le président irait jusqu'à la fin de son mandat avec une majorité parlementaire assurée. À l'appui de cette proposition, j'ai effectué des simulations d'élections législatives[2].

Je conclus ma note par ces lignes :

> « — Un traumatisme dans la droite, qui casserait la candidature unique de l'opposition parlementaire est susceptible de faire gagner

1. D'après Josette Alia et Christine Clerc, Charles Pasqua, ce fin politique, a craint des élections législatives anticipées en cas de guerre. « François Mitterrand pourra même en profiter le lendemain pour dissoudre l'Assemblée nationale, anticiper des élections législatives et nous b... pour cinq ans. »
2. Sur ce que sont les simulations, cf. chapitre 7.

les élections législatives par la majorité présidentielle.

— Deux sujets sont — nous semble-t-il — susceptibles de générer un tel traumatisme :

- le Golfe
- l'Europe.

Nota :

— Le clivage au sein de la droite, sur ces deux sujets, distinguera sensiblement les mêmes deux tendances.

— Les archéogaullistes (RPR) qui sont à la fois contre les États-Unis et une Europe trop unifiée à leur goût.

— Le Centre + majorité de l'UDF qui sont atlantistes et fortement pour l'Europe. »

Le 21 décembre. Après avoir rencontré Pierre Sudreau[1], grand résistant, déporté à Buchenwald, ancien ministre du général de Gaulle, j'écris au président :

Cher Président,

Ci-joint, la note dont je vous ai parlé hier.

La vie est vraiment étrange. Aujourd'hui, j'ai déjeuné avec mon frère, le médecin que vous connaissez, et son ami de lycée, Pierre Sudreau.

Sans que je l'aie sollicité en rien, mais faisant allusion à votre conférence de presse d'hier, il m'a dit :

« Je suis en harmonie totale avec le président sur le Golfe. À son entière disposition pour dire ou faire ce qu'il

1. C'est Pierre Sudreau qui, quelques années plus tard, a remis la Légion d'honneur à mon frère Maurice, ainsi qu'à son fils, le magistrat Michel Salzmann.

me demandera. Et cela en fonction de toute notre vie, en fonction de Munich, en fonction de notre résistance commune, en souvenir de Gaston Defferre... »

Voilà pour le Golfe.

Et sur l'Europe, il a rajouté :

« Je suis né Européen dans les camps de concentration. Ce que fait le président sur l'Europe, j'en suis solidaire à 100 %. La prise de position du RPR est dramatique. »

Ainsi, le hasard a fait que les conclusions de ma précédente note se trouvent ainsi confortées.

Avec ma fidèle amitié.
Charles Salzmann

Fin décembre. Nous nous trouvons avec des amis à Venise pour les fêtes. Au petit déjeuner qui nous réunissait, j'interroge le président sur ce qui va se passer. Il demeure silencieux. Une attente est perceptible autour de la table. Il s'en rend compte, et comme il ne veut ni ne peut parler, il m'interroge :

— Et vous, que pensez-vous ?

Je lui réponds :

— Les opérations militaires sont inéluctables. Elles se feront en deux phases, pour rendre très basses les pertes en vies humaines du côté des alliés. Une première phase de bombardements, terriblement efficaces. Puis des combats terrestres pour achever les Irakiens.

Il demeure silencieux à nouveau. Puis dit à voix assez basse :

— Ce que vous dites est raisonnable[1].

1. Je ne savais évidemment pas, à cette date, ce que j'ai appris en lisant le livre de Josette Alia et Christine Clerc, *La Guerre de Mitterrand* : le 21 octobre, Schwarzkopf fixe le calen-

Début janvier. Allant déjeuner, le président me dit que, d'après Jean-Pierre Chevènement, il pourrait y avoir plusieurs milliers de morts et des pertes de 200 avions du côté allié. Je lui rappelle mon scénario de Venise et j'ajoute :

— Dans ce cas, les pertes seraient tout à fait réduites[1].

14 janvier. Initiative de dernier instant, avant l'expiration de l'ultimatum des Nations unies, fixé au 15 janvier. Un projet de résolution française permettrait à Saddam Hussein de se retirer du Koweït en héros vainqueur. Je suis sûr que les États-Unis n'accepteront jamais et je pense que François Mitterrand en est sûr aussi. C'est probablement pour cela qu'il a pris un tel risque qu'il a dû juger nécessaire en pensant au Maghreb.

L'affaire des Scud

Les Irakiens ont été dotés, par les Russes, de missiles sol/sol à longue portée, appelés Scud. Ils font peser une menace de bombardements sur l'Arabie

---

drier de l'opération « Tempête du désert » : « Dans une première phase, des bombardements extrêmement précis devraient détruire les principaux sites stratégiques et toutes les communications irakiennes... De son efficacité dépend la suite des opérations. »

Le 29 octobre, Bush adopte ce plan qui sera « top secret » jusqu'au 8 novembre.

Les détails de l'opération française Daguet avaient été arrêtés par le président le 4 décembre.

1. Il y eut finalement 75 morts occidentaux dont 2 Français, 350 blessés dont 27 Français.

Saoudite que leur portée, bien que limitée, permet d'atteindre.

Le 9 janvier, lors du rendez-vous de la dernière chance de paix à Genève, entre James Baker, le secrétaire d'État américain, et Tarek Aziz, ministre irakien des Affaires étrangères, ce dernier a, sans équivoque, menacé, une fois les hostilités déclenchées, de lancer ses missiles sur Israël.

Le même jour, à 17 h 45, le président Bush appelle François Mitterrand pour l'en informer et ajoute : « Ce serait une catastrophe qui risquerait de transformer le conflit en guerre mondiale. » À 18 h 15, le président tient un point de presse. Il le termine à la façon de Churchill : « Se réfugier dans le déshonneur pour avoir la paix apporte finalement le déshonneur et la guerre. »

Les opérations militaires aériennes commencent dans la nuit du 16 au 17 janvier. Dans la nuit suivante, les sirènes retentissent dans tout Israël. Des Scud irakiens ont frappé. Le matin du 18, lorsque j'ai appris que Tel-Aviv et Haïfa avaient été bombardées par des Scud irakiens, j'ai tout de suite voulu savoir si ma fille était indemne.

Puis une nouvelle inquiétude m'a envahi, j'ai eu l'impression que cette guerre pouvait déraper. Je craignais le scénario tragique suivant : Israël riposte. Les Arabes alliés contre l'Irak, mais qui ne voudraient pas, dans cette éventualité, aider Israël, quittent alors les forces des Nations unies. Le Maghreb s'enflamme et l'Égypte de Moubarak se déchire.

Il ne faut donc pas qu'Israël riposte ! Mais est-ce possible alors que, depuis quarante ans, la politique d'Israël est fondée sur sa détermination à rendre coup pour coup et que sa sécurité quotidienne dépend du fait de dissuader ses adversaires de donner libre cours à leurs haines par crainte de représailles ?

Vers 9 heures, Robert Badinter m'appelle au téléphone. Il a fait la même analyse et redoute, lui aussi, la riposte d'Israël. J'improvise, à son attention, ce qui deviendra, plus tard dans la matinée, mon argumentaire : « Israël peut échapper à cet engrenage. C'est une opportunité historique qui lui est offerte d'apparaître aux yeux du monde comme pacifique. Dès lors que les Nations unies s'apprêtent à faire reculer Saddam Hussein, à punir son agression contre le Koweït, Israël peut déclarer solennellement que, cette fois, elle dérogera à son principe du coup pour coup. Si Israël fait cela, je suis sûr que l'opinion publique — qui lui est défavorable depuis les deux années d'Intifada — saluera ce geste de sagesse. »

Robert Badinter ne croit pas Shamir prêt à cela.

À 10 heures, je vais voir Jean-Louis Bianco et lui expose cette idée. Il approuve, mais dit : « Que faire ? » Je lui propose, s'il m'en donne le feu vert, de joindre des amis en Israël, et notamment Shimon Pérès, pour développer cette position. Bianco réfléchit et dit son accord, mais demande que cela soit présenté comme une initiative personnelle et non une suggestion de l'Élysée.

Aussitôt, je joins à Tel-Aviv Jean Frydman et plaide contre des représailles. Il me dit être arrivé lui aussi aux mêmes conclusions. Il va aller voir Shamir ce matin même et par ailleurs il est en liaison constante avec Shimon Pérès. Je lui dis alors : « Shimon sait que l'opinion publique c'est ma spécialité. Je suis absolument certain du bénéfice énorme qu'Israël tirera, en terme d'image, d'une telle modération. Dis-le-lui de ma part. »

On sait maintenant que Bush était intervenu dans le même sens, Gorbatchev vraisemblablement aussi et que toutes ces voix — évidemment plus signifiantes que la mienne — ont mené Israël à la bonne décision. Lorsque, le soir, j'ai eu Jean Frydman à nouveau au téléphone, il avait vu Shimon Pérès et pensait aussi avoir convaincu Shamir de ne pas bouger, mais ne savait pas ce qu'il adviendrait en cas d'une nouvelle attaque.

Effectivement, je reçois le 21 janvier un fax de Jean Frydman.

> *Concernant les missiles, bien évidemment, chacun connaît l'origine des Scud. Les accusations portent sur le fait que des sociétés françaises ont modifié en Irak ces engins en leur donnant un rayon d'action suffisant pour atteindre Israël et l'on prétend que des preuves existent et qu'il est difficile de penser que cela s'est fait sans l'accord des autorités françaises. [...] Il faut « ouvrir une enquête sur la réalité des responsabilités dans la modification des missiles. C'est un homme indépendant qui écrit ce mot et qui a la sensation de vivre le divorce de son père et de sa mère dans la fureur et l'incompréhension. Ton ami. Jean Frydman.*

Je transmets immédiatement au président ce fax de Jean Frydman qu'il connaît bien et dont il apprécie le jugement. À Tel-Aviv, en décembre 1980, ne lui avait-il pas prédit son élection ? Depuis, le président l'avait reçu à quelques reprises, très amicalement. Le président sait déjà, en écoutant Europe 1, que Ben Élissar, président de la commission de défense de la Knesset, a déclaré la France responsable de la capacité actuelle de l'Irak de tirer des missiles sur Israël. Le président est en colère et a exigé, lors d'un conseil d'état-major, qu'il a convoqué le jour même, à 18 h 30, que l'on enquête à fond sur la réalité de ces accusations.

Le rapport d'enquête est remis au président et, le 20 janvier à 20 heures, dans une allocution télévisée, François Mitterrand déclare :

> « J'ai entendu avec beaucoup de surprise et d'indignation certains responsables israéliens affirmer que ces missiles ou d'autres auraient été fournis par la France : nous n'avons vendu aucun missile balistique à l'Irak pendant la guerre Iran-Irak... Nous n'avons vendu aucun missile balistique capable d'atteindre le territoire d'Israël, que ce soit bien entendu.
>
> « Un mois peut-être après mon élection, la centrale nucléaire de Tamouz fournie, il faut le dire, par la France, a été détruite par Israël. Eh bien, depuis neuf ans j'ai toujours refusé de fournir les éléments d'une reconstruction de quelque élément que ce soit à l'Irak. Ce qui a sans doute contribué au fait que je n'ai pas eu avec M. Saddam Hussein des relations, fussent-elles celles d'un État à l'autre, puisque je ne l'ai jamais rencontré. »

Tous ces jours, depuis la matinée du 18 jusqu'au 20 au soir, j'ai eu le sentiment vivace du destin. En ce point nodal se sont croisés nombre des fils de ma vie : Robert Badinter, Jean Frydman, Shimon Pérès et évidemment François Mitterrand. Leur confiance m'a permis d'agir avec bonheur de là où j'étais.

Plus tard, les Français ont approuvé le Président pour son action durant cette crise. Le 4 mars, un sondage de BVA lui donne 85 % de satisfaits, son plus haut score de tous les temps.

Pour clore ce sujet, je souhaite faire figurer ici une intervention de Shimon Pérès, alors ministre des Affaires étrangères d'Israël, devant une commission de la Knesset, au sujet des relations avec la France :

> « ... Le président Mitterrand m'a fait part de son mécontentement au sujet des accusations pendant la guerre du Golfe concernant l'assistance que la France aurait apportée à l'Irak pour améliorer la portée effective des missiles Scud.
>
> Cette accusation est absolument mensongère.
>
> ... La France est l'un des seuls pays au monde à avoir agi en faveur d'Israël. Elle avait donné à Israël la possibilité de construire un réacteur. Elle nous a fourni en armes dans les moments difficiles, souvent sans même en demander la contrepartie financière.
>
> ... Le président Mitterrand a tenu sa promesse de ne pas fournir à l'Irak de l'uranium enrichi, ce qui aurait permis à ce pays de construire une centrale nucléaire menaçante.
>
> ... Le président Mitterrand est le seul président européen à ne s'être jamais prononcé contre Israël. Le président Mitterrand est un ami véritable d'Israël et du peuple juif. »

Aujourd'hui, alors que la paix s'installe enfin en Palestine, difficilement, mais inéluctablement, je tiens à témoigner des efforts permanents de François Mitterrand qui a su tenir le même langage de sagesse à toutes les parties en présence. Il a rappelé inlassablement à chacun l'essentiel des positions des autres, manifestant ainsi qu'une profonde compréhension et sympathie pour le peuple juif n'était pas antagoniste du droit des Palestiniens à une patrie.

À cela, la communauté juive de France a parfois mal réagi, notamment lorsque François Mitterrand, recevant Arafat, expliquait que si Israël voulait la paix, c'était évidemment avec son ennemi qu'il lui faudrait négocier.

7

TENTATION DE LA « FRANCE UNIE »

Jacques Chirac, Premier ministre : la cohabitation – Émergence de l'idée – Simulations des législatives – Les travaux de juin 1987 – Le Caire, fin décembre 1987 – Les préparatifs de la campagne – Le meeting de Rennes – L'élection – La dissolution : fin de la France unie – Édith Cresson – Pierre Bérégovoy, Premier ministre.

Jacques Chirac, Premier ministre . la cohabitation

François Mitterrand m'a chargé d'une mission exploratoire auprès d'Édouard Balladur pour préciser les grandes lignes de la cohabitation avec Jacques Chirac qu'il s'était résolu à nommer Premier ministre, de préférence à Chaban, Barre ou Giscard.

Le rendez-vous fut organisé quelques jours avant les élections législatives de mars 1986, dans un appartement discret d'un immeuble bourgeois du XVIe arrondissement.

Je n'avais jamais rencontré Édouard Balladur. Je fus surpris par l'intelligence, l'acuité et le coloris du regard. Alors que j'ignorais le rôle éminent qu'il jouait aux côtés de Jacques Chirac, qui allait le nommer ministre d'État, de l'Économie et des Finances, lui, par contre, savait qui j'étais. En effet, par une ironie du destin, la société de conseil en informatique qu'il présidait avait, quelques années auparavant, acheté le CRFO. Mon CFRO, que j'avais jadis fondé de retour de Columbia et que j'avais dirigé pendant dix ans. Nos chemins devaient par la suite se croiser à nouveau, car en juillet 1989 je fus nommé président de la Société du Tunnel sous le Mont-Blanc dont Édouard Balladur avait été précédemment en charge pendant un long mandat de neuf années.

Ce jour-là, devant une tasse de café, j'exposai — suivant les instructions du président — qu'avant de faire appel à Jacques Chirac en cas de victoire de la droite, le président devait être assuré sur deux points essentiels, la politique étrangère et la Défense.

Pour François Mitterrand il n'y avait pas de « domaine réservé », mais simplement une prééminence présidentielle dans ces deux domaines où s'exerçait par excellence la souveraineté nationale. Comme il n'y avait pas de précédent, il fallait innover.

Édouard Balladur, qui manifestement y avait réfléchi en profondeur, me donna tous les apaisements voulus, s'engageant même à ce que Jacques Chirac nomme aux postes ministériels correspondants des hommes qui conviendraient au président.

J'étais satisfait d'avoir réussi ma mission, Édouard Balladur aussi, qui était sûr désormais que Jacques Chirac serait le prochain Premier ministre.

Après avoir confronté nos prévisions électorales, il pensait à une majorité confortable de trente sièges alors que je ne prévoyais qu'une très courte majorité. Finalement la coalition UDF/RPR l'emporta de quelques sièges. La cohabitation s'installa. Elle a été suffisamment décrite et commentée des deux côtés. Je n'en parlerai pas ici.

Émergence de l'idée

J'ai vu naître l'idée de la « France unie » qui a constitué l'axe central de la campagne présidentielle de 1988. J'ai été conduit à en estimer la faisabilité à l'aide de modèles de simulations sur ordinateur. J'ai assisté à l'échec de ce projet. Aurait-il réussi, l'histoire de la France contemporaine en eût été considérablement modifiée.

L'idée de la France unie était liée à l'éventuelle candidature de François Mitterrand. Elle a surgi lorsque s'est posée la question : Comment espérer gagner une élection présidentielle au suffrage universel, alors que la gauche était redevenue clairement minoritaire dans le pays ?

Dès l'automne de 1987, le vent a tourné. Le gouvernement de Jacques Chirac a dû affronter toutes sortes de difficultés : terrorisme, otages au Liban, surenchère sécuritaire du Front national, grèves, quelques affaires d'argent, mésententes et/ou rivalités dans la majorité. En revanche et à son actif, la politique économique libérale d'Édouard Balladur a engrangé de bons résultats, et les privatisations ont plu. Mais, le 16 octobre 1987, Wall Street s'effondre en entraînant les autres places boursières, dont celle de Paris. Les privatisations sont compromises. Nombre de petits porteurs, ayant subi des pertes sérieuses, en veulent au gouvernement. Raymond Barre, longtemps favori pour la présidentielle, s'est fait dépasser par Jacques Chirac dans l'opinion des électeurs de droite. À gauche, Michel Rocard a annoncé sa candidature. Elle demeure dépendante de celle de François Mitterrand qui tait ses intentions. Il fait une demi-confidence dans un sens à l'un, et murmure le contraire à un autre, dissimulant à tous ses pensées profondes.

Un après-midi, alors que nous marchions, seuls, dans une complicité propice aux confidences, sur des chemins de l'arrière-pays du Var, admirant des oliviers tordus et centenaires qui poussaient n'importe comment dans une terre ocre, semée de rocailles, je demandai : « Serez-vous candidat à la prochaine présidentielle ? » Il me répondit par une anecdote : « On demandait à Pertini, le président de la République d'Italie, s'il allait se présenter à un nouveau mandat. Il répondit : « Je suis partagé. La meilleure partie de moi-même s'y refuse... je crains que l'autre l'emporte. » Puis nous avons parlé d'élections législatives qui suivraient une dissolution éventuelle de l'Assemblée nationale. François Mitterrand me demanda : « Vos simulations des législatives fonctionnent-elles toujours ? » et, sur une réponse affirmative, il me demande : « Pourriez-vous voir ce que donneraient des élections anticipées, dans des hypothèses de désunion profonde de la droite et d'une alliance électorale au second tour entre les socialistes et des dissidents de l'UDF ? »

Simulations des législatives

Il faisait référence à des modèles de simulations d'élections législatives sur ordinateur que j'avais mis au point. Tout d'abord, en 1985-1986, pour tester l'intérêt, par rapport au scrutin majoritaire uninominal à deux tours, des différentes lois électorales envisageables : proportionnelle nationale, proportionnelle départementale à un ou deux tours, scrutin mixte[1], tel que Valéry Giscard d'Estaing l'avait jadis proposé, ou encore à l'allemande. En faisant varier les hypothèses politiques et certaines variables, prises comme paramètres, on pouvait se faire une assez bonne idée des résultats probables. En 1986, lorsque le scrutin majoritaire à deux tours fut rétabli, accompagné d'un nouveau découpage mis au point par Charles Pasqua, j'améliorai encore le modèle avec l'aide de Lucien Boucharenc, un éminent expert de l'informatique appliquée aux questions électorales. J'étais en mesure de calculer les conséquences probables, en termes de résultats électoraux dans chacune des 555 circonscriptions métropolitaines, selon différentes hypothèses politiques au plan national.

Je demande alors au président quelles hypothèses prendre. Il me décrit un scénario assorti de variantes. Certaines étaient surprenantes, avaient peu de chances de se réaliser :

— nomination de Giscard comme Premier ministre ;

— vote d'une nouvelle loi électorale, soit proportionnelle, soit scrutin mixte ;

— dissolution, puis élections.

Mais il était certes intéressant d'en estimer les effets. En tout cas, de cet entretien j'en tirai le sentiment qu'il se représenterait, sauf accident. Je m'en

1. Mode de scrutin proposé par Giscard : proportionnel pour les départements de plus d'un million d'habitants, majoritaire pour les autres.

étais déjà douté lorsque, au cours d'un déjeuner chez Pharamond, le mois précédent, il m'avait confié : « Si j'avais dix ans de moins, je saurais bien les battre. »

Les travaux de juin 1987

Cela faisait déjà de nombreux mois que je travaillais sur des sondages très détaillés, à l'aide d'une méthode que j'avais mise au point spécialement pour la prochaine présidentielle afin d'analyser les électorats potentiels des différents candidats.

Une note de neuf pages et de plusieurs annexes, datée du 24 juin 1987[1], traitait synthétiquement des questions suivantes :

> — Quels sont les ingrédients de la forte popularité actuelle de François Mitterrand ?
> — Une candidature éventuelle de François Mitterrand à l'élection présidentielle modifierait-elle cette popularité ?
> — Quelles sont les caractéristiques de l'électorat potentiel de François Mitterrand ?
> — Quelles sont les perspectives favorables et les vulnérabilités ?

J'établissais clairement que, si François Mitterrand décidait d'être candidat, sa campagne devait viser à gagner un électorat potentiel situé au centre. Il convenait de se rapprocher du positionnement

1. La note du 24 juin 1987 est donnée en annexe p. 268.

que Valéry Giscard d'Estaing avait décrit jadis dans son ouvrage *Deux Français sur trois*, tout en restant clairement situé à gauche.

Le Caire, fin décembre 1987

Je continuais donc à travailler d'arrache-pied, avec l'aide des sondages de l'institut BVA et des simulations que Lucien Boucharenc exécutait sur son ordinateur.

En décembre 1987, j'étais prêt et convaincu qu'avec une stratégie de rassemblement des Français François Mitterrand l'emporterait. Il était convenu que je l'accompagnerais en Égypte pour les fêtes de Noël. Je me préparais, à cette occasion, à lui exposer les résultats obtenus. Tout le début du voyage fut consacré à la détente, au repos et au tourisme. J'ai conservé un souvenir inoubliable de la vue sur le Nil, à partir de la terrasse de l'hôtel Old Cataract, là où est situé le roman d'Agatha Christie, *Mort sur le Nil*. La beauté du site — lent débit du fleuve entre les rochers roses, les felouques aux voiles blanches, vols fréquents d'oiseaux migratoires — coupe le souffle.

C'est au Caire, dans la résidence que le président Moubarak a mise à la disposition du président, un ancien palais du roi Farouk, que l'entretien eut finalement lieu. Il dura longtemps. Le président voulait tout comprendre des mécanismes et des raisonnements qui sous-tendaient les résultats. J'avais effectué des « tests de sensibilité ». En faisant varier les valeurs des paramètres, on pouvait connaître l'effet résultant d'une erreur dans l'estimation des intentions de vote de telle ou telle fraction de l'électorat[1]. Bien qu'il n'eût pas oublié la précision de nos travaux lors de la présidentielle de 1981, il voulait tout vérifier minutieusement. J'en compris par la suite la raison : contrairement à 1980 — où rien n'aurait pu l'arrêter — cette fois, son choix n'était pas définitif. Une partie profonde de lui-même rechignait à sacrifier les dernières années de sa vie à un nouveau septennat. Il fallut plus d'une heure pour qu'il soit assuré du sérieux de mon pronostic. Dans le cas d'une stratégie de rassemblement, il aurait une victoire confortable avec 53 % ou 54 % des suffrages exprimés au second tour.

De retour du Caire, j'étais convaincu qu'il serait candidat. Robert Badinter, qui l'avait accompagné quelque temps auparavant dans l'ascension du mont Sinaï, près de Sainte-Catherine, là où Moïse avait reçu les tables de la Loi, pensait que le président s'était ainsi soumis à une dure épreuve physique pour éprouver sa capacité à mener campagne. Le test ayant été favorable, il se présenterait. Ce qu'il a dit à d'autres, après son retour en France, je ne le sais pas. Il a continué à laisser planer le doute jusqu'au mardi 22 mars, lorsque, à Antenne 2, il annonce sa candidature par un « oui », modeste, à moitié étouffé et commence sa déclaration par : « Je veux que la France soit unie. »

1. L'expérience montre, en effet, que l'on ne peut pas se fier complètement aux sondages. Ils sont entachés d'« une erreur structurelle » (échantillons insuffisamment représentatifs, sondés qui mentent ou changent d'opinion le jour du vote, etc.). Ces tests permettent de connaître la marge dont on dispose.

Quant à moi, il ne m'en parla plus du tout. Il me tint également à l'écart des préparatifs de sa campagne. Il devait penser que j'en savais déjà trop. Si je l'avais moins bien connu, j'aurais pu croire que j'étais en disgrâce. J'avais déjà expérimenté une telle période dont je n'ai jamais connu la raison et en avais conservé un souvenir amer. Elle avait duré une dizaine de mois, de juillet 1985 à avril 1986, pendant lesquels je n'ai plus eu avec lui que des rapports professionnels espacés. Mais, il ne s'agissait pas de cela dans ce début de 1988 : simplement, il devait trouver que j'avais rempli ma tâche en l'éclairant sur une stratégie de campagne gagnante et que c'était désormais à d'autres, comme Séguéla, Pilhan, Jospin, Bérégovoy, etc, de fonctionner. Et aussi, je l'appris plus tard, à Jean-Louis Bianco, que le président chargea de gérer les contacts avec ceux qui, à droite et au centre, refusaient la prédominance hégémonique du clan groupé autour de Jacques Chirac.

Jean-Louis Bianco s'avéra parfait pour cela. Il n'était pas membre du PS. En tant que secrétaire général de l'Élysée, il parlait au nom du président de la République. Sa diplomatie, sa modestie, son intelligence lui permirent d'aller assez loin dans l'élaboration d'un accord avec les dirigeants du CDS ainsi que certaines autres personnalités, tant de l'UDF que du RPR. J'appris par la suite que la condition[1] posée par les centristes était la non-

1. C'est également ce qu'écrivent, après enquête, Pierre Favier et Michel Martin-Rolland dans le tome 2 de *La Décennie Mitterrand.*

dissolution de l'Assemblée nationale après la victoire de François Mitterrand, du moins jusqu'au jour où le gouvernement de coalition socialo-centriste, qui serait alors constitué, aurait pris suffisamment racine dans l'opinion pour que les deux formations aillent aux urnes en alliés, peut-être même après un retour au scrutin proportionnel. Ainsi l'hypothèse évoquée lors de notre promenade dans le Var semblait avoir pris quelque substance.

Le meeting de Rennes

Étant encore tenu à l'écart, je n'y assistai pas. Je m'appuie ici sur le témoignage de Pierre Favier et Michel Martin-Rolland qui ont fait le récit dans *La Décennie Mitterrand*, de cette soirée de Rennes, le 8 avril 1988[1].

François Mitterrand, à la tribune, devant une salle comble et passionnée, décrit une France unie. Il déclare discerner dans la majorité « des hommes de valeur, des hommes excellents ». Il est alors couvert de bruits divers, sifflets, « non ! » Il insiste : « Mais, si, croyez-moi, je les vois, il m'arrive de les fréquenter... Nous ne sommes pas les bons, ils ne sont pas les méchants. »

Les militants râlent, mais François Mitterrand a effectué le lancement de sa stratégie victorieuse. La France unie est en marche. J'assistai à Lyon au meeting suivant. Le président développa, avec un talent oratoire exceptionnel, la nécessité d'une France

1. *La Décennie Mitterrand, op. cit.*

unie, rassemblant ses forces[1] pour faire disparaître en son sein les injustices et les exclusions. Il commente et rend vivants les grands thèmes de sa « Lettre à tous les Français » qu'une vingtaine de journaux avait publiée en entier. Les commentateurs politiques s'emparent du mot « Ouverture » et spéculent pour savoir qui de Michel Rocard ou de Jean-Louis Bianco serait le Premier ministre adéquat. À Toulouse, lors du dernier meeting de la campagne, François Mitterrand fait acclamer le nom de Michel Rocard. Les dés sont jetés. Le Premier ministre sera Rocard.

Ainsi que l'écrit Serge July[2] :

> « Le choix de Michel Rocard comme Premier ministre découle des chiffres [...]. Après avoir été confortablement réélu sous les bannières de la "Fransunie" [...], le président ne peut dissoudre qu'en agitant de façon très ostentatoire le chiffon blanc de l'ouverture. »

L'élection

Au premier tour, François Mitterrand obtient 34 % et Jacques Chirac, arrivé second, légèrement moins de 20 %. Sauf événements imprévus, François Mitterrand devrait l'emporter au second tour.

1. On retrouvera ces thèmes dans la campagne de Jacques Chirac de 1995, qui les utilisa avec succès lui aussi.
2. Serge July, *Le Salon des Artistes*, Grasset, Paris, 1989.

Et voilà que les événements arrivent : les otages[1] au Liban sont relâchés, l'armée donne l'assaut à la grotte d'Ouvéa[2], et le scandale du *Rainbow Warrior* est réagité par le rapatriement de Dominique Prieur[3] enceinte. Tout le monde se demande si, au dernier moment, cela va faire basculer les votes des Français en faveur de Chirac.

Le dimanche 8 mai, le jour de l'élection, il est environ 14 heures. Je suis chez moi. Le téléphone sonne. C'est Michel Brulé, le patron de l'institut de sondages BVA. Un sondage « sortie d'urne » a été réalisé vers midi. Quatre à cinq mille personnes ont été interrogées à leur sortie du bureau de vote, par des enquêteurs-reporters sur tout le territoire métropolitain, d'après un échantillon étudié préalablement. Le résultat du sondage est net : 54 % des personnes interrogées disent avoir voté François Mitterrand.

J'appelle aussitôt le Vieux Morvan, à Château-Chinon et demande à parler au président. Jean Glavany, qui est au bout du fil, me dit qu'il vient de se mettre à table et qu'on ne peut le déranger. J'insiste et lui suggère d'avertir le président que c'est une urgence. Le président vient aussitôt « Alors, Charles ? Comment allez-vous ?... » Je lui donne le résultat, 54 %, du sondage « sortie d'urne », lui explique qu'avec 4 à 5 000 personnes

1. Marcel Carton, Marcel Fontaine, Jean-Paul Kauffman, retenus en otage au Liban pendant plus de deux ans.

2. Vingt-deux gendarmes y sont retenus, depuis quinze jours, en otage par des indépendantistes kanaks. Leur libération coûte la vie à deux gendarmes et à dix-neuf indépendantistes.

3. Le capitaine Prieur, fausse épouse « Turenge », était en résidence en Polynésie.

la marge d'erreur est de l'ordre de 1 %, certainement inférieure à 2 % . Je conclus en lui disant qu'il est assuré d'être élu. Il me demande alors : « Vous en êtes bien sûr ? » Je lui dis : « Vous n'aurez pas moins de 53 %. » Il reste silencieux un moment et puis il me dit : « Charles, merci. »

C'était la première fois qu'il me disait merci pour un travail... et cela ne s'est jamais reproduit.

La dissolution : fin de la France unie

Les sondages pour d'éventuelles législatives indiquent une majorité absolue pour les socialistes. Des tractations ont eu lieu entre Michel Rocard, nommé Premier ministre et les centristes. Les rares témoins[1], qui ont communiqué leurs souvenirs, divergent sur des points essentiels.

Quant à moi, je n'en ai rien su, si ce n'est quelques bouts de phrases autojustificatrices que François Mitterrand condescend à me donner chez Dominique où nous déjeunons ce jour-là. Il a décidé la dissolution et ne veut pas entendre ceux qui le pressent de conserver l'Assemblée nationale, comme Jean-Louis Bianco, dans le camp de la gauche, ou Valéry Giscard d'Estaing à droite. Giscard d'Estaing, furieux, prend la tête de l'union de l'opposition (UPF) et mène une excellente campagne législative. La loi électorale en vigueur est alors évidemment le scrutin majoritaire uninominal à deux tours, rétabli en 1986 avec le découpage de

1. Jean-Louis Bianco, Jean-Paul Huchon, Bernard Stasi.

Charles Pasqua. Cette loi cimente l'opposition. L'alliance PS/MRG gagne cependant une majorité relative. Quelques personnalités acceptent l'« ouverture », mais c'est la fin de la France unie. Ce fut grand dommage et, pour ma part, je le regrette encore à ce jour.

Peu après, j'indiquai au président que j'estimais avoir terminé mon travail à l'Élysée et que je souhaitais partir. À quelque temps de là, il me proposa la présidence de la Société du Tunnel sous le Mont-Blanc que j'acceptai. Je ne fus donc pas témoin des événements du temps du gouvernement Rocard, à l'exception de la guerre du Golfe, racontée précédemment, ainsi que du choix du Premier ministre qui lui a succédé.

Édith Cresson

Je raconterai maintenant, ici, ce que j'ai pu percevoir de la façon dont le président choisit Édith Cresson, choix qui constitua le tournant du second septennat.

Réunion chez Édith Cresson (novembre 1980)

Vers la fin des années 70, j'avais entendu parler d'Édith Cresson par mon fils Jean-Loup. Alors étudiant en médecine, il était inscrit au PS et militait dans les jeunesses socialistes, ou les étudiants socialistes ou quelque chose du même genre. Édith Cresson était alors, au PS, responsable de la jeunesse et, à ce titre, Jean-Loup travaillait directement avec elle. Il aida notamment Édith durant sa campagne à Châtellerault.

J'avais donc par lui une impression favorable d'Édith. Celle-ci fut confirmée lorsque, à ma grande surprise, je fus convié chez elle en novembre 1980 pour une réunion extraordinaire qu'elle avait organisée. La question était non pas de savoir si François Mitterrand devait être le candidat du parti contre Giscard à la présidentielle de mai 1981, mais de choisir la meilleure tactique et le meilleur calendrier d'annonce. Il y avait là Jospin, Mermaz, Mexandeau, Bérégovoy, Quilès qui participeront au débat et quelques autres qui, si ma mémoire est bonne, demeureront silencieux. Édith était farouchement en faveur d'une annonce immédiate de la candidature de François Mitterrand. C'était l'avis général. Pierre Bérégovoy fit l'intervention que je jugeais la meilleure. Il exposa que les communistes ayant cette fois leur candidat au premier tour, il serait plus facile, au second tour, à François Mitterrand de recueillir des voix du centre en n'ayant pas été, comme en 1974, le candidat unique de la gauche.

Je me souviens d'avoir pris la parole pour signaler que François Mitterrand avait un gros problème d'opinion publique et que, pour gagner, il devait se créer une nouvelle image. J'avais déjà remis à François Mitterrand mes premières notes de campagne à ce sujet. J'ai eu, ce jour-là, chez Édith, l'impression de ne pas être entendu par des gens uniquement préoccupés de rapport de forces (PS/PC, etc.). Le lendemain, François Mitterrand m'interrogea sur cette réunion. Je compris alors qu'il m'y avait fait convier pour que je lui raconte

— observateur impartial et du dehors — ce que les uns et les autres avaient dit. Je fis l'éloge de l'intervention de Bérégovoy.

Deux mois avant le premier tour, François Mitterrand me convoque à son domicile, rue de Bièvre. J'y rencontre Édith Cresson. Il veut confier à Édith une mission à New York pour contrebalancer les milieux influents « pro-Giscard » aux États-Unis, tel le *Wall Street Journal*. Édith ne veut pas y aller seule et accueille favorablement l'idée de François Mitterrand que je l'accompagne.

À mon grand regret, cela ne se fera pas. C'est François Mitterrand lui-même qui y fera un tour organisé par Jean Riboud. Jean Riboud m'a dit longtemps après que François Mitterrand n'y fut pas bon et qu'il n'avait jamais réussi à être à l'aise avec les journalistes américains.

Je n'ai ensuite revu Édith Cresson, devenue ministre du Commerce extérieur, qu'une seule fois, lors du voyage d'État du président en Chine. Elle était fatiguée, je lui donnais le bras pour monter au palais de la place Tien-An-Men (devenue célèbre depuis, hélas !), où Deng Xiaoping offrait un banquet aux Français. Inoubliable cuisine chinoise ! C'est au cours de ce voyage que je fis la connaissance de Yang Zemin, le futur Maître de la Chine.

Plus tard, nommée ministre de l'Industrie du gouvernement Fabius, elle s'irrita de ce que le Premier ministre — ou plutôt son directeur de cabinet, Louis Schweitzer — continuât à avoir la haute main sur les problèmes industriels. Sa rancune fut tenace car, quelques années plus tard, au lendemain des présidentielles de 1988, Édith Cresson contribua à empêcher Fabius d'être nommé premier secrétaire du Parti[1].

Déjeuner chez Le Divellec

Enfin, au printemps 1990, un samedi, le président m'invita à déjeuner au restaurant Le Divellec avec Édith Cresson. Pendant presque tout le repas, à sa demande, elle lui développa le thème du péril japonais, du déclin de l'industrie française, de la mollesse de Rocard et de la nécessité d'agir vite et fort pour éviter une débâcle économique générale. L'énergie et la vigueur de son propos faisaient plaisir à entendre.

Le président me demanda alors ce que j'en pensais. Je dis que, pour l'ensemble de l'industrie et, a fortiori, de l'économie, je ne savais pas, mais que, dans le domaine particulier de l'informatique, celui de mes compétences professionnelles, je faisais le même diagnostic. J'étais vraiment très inquiet du sort de Bull, et de tous les fabricants européens de matériels informatiques : le progrès technologique, alimenté par la rivalité États-Unis/Japon, était si rapide que les Français ne pouvaient plus suivre.

Édith Cresson aurait dû être contente de mon soutien... Ce n'est que beaucoup plus tard, alors qu'elle était devenue Premier ministre et qu'elle m'ignorait complètement, que je compris qu'elle avait probablement été vexée de ce que le président

1. On ne réécrit pas l'Histoire. Mais, si Édith et quelques autres s'étaient alors pliés au désir du président de voir Fabius contrôler le Parti socialiste, le stupide et fratricide congrès de Rennes n'aurait peut-être pas eu lieu... ni le déclin du Parti socialiste.

ait jugé nécessaire de me demander mon avis. Aussi avais-je manqué de finesse en me réjouissant à ce moment-là de ce déjeuner. Édith Cresson n'avait-elle pas espéré être seule avec le président ? Cette invitation se serait avérée en fin de compte fatale à mes ambitions... heureusement que je n'en avais pas.

Le changement de Premier ministre

Les signes avant-coureurs du changement de Premier ministre furent tout d'abord discrets. Quatre mercredis matin de suite, après le Conseil des ministres, alors que je passais prendre le président pour aller déjeuner, je devais attendre qu'il termine des réunions qui se tenaient dans la bibliothèque de ses appartements privés avec, chaque fois, les mêmes « proches » : Joxe, Bérégovoy, Dumas, Mermaz, Lang. Il était évident qu'il se préparait quelque chose et qu'il planait une menace sur la pérennité de Rocard.

C'était juste après la guerre du Golfe. Tout à mon projet de convaincre François Mitterrand de dissoudre l'Assemblée nationale, je n'étais pas assez attentif au fait que sa principale préoccupation était Rocard : il s'irritait de son inaction. Trop d'insatisfactions suivaient trop de promesses et trop de largesses. Bérégovoy et Charasse le poussaient à agir, ainsi que d'autres proches à qui il suffisait de connaître la résolution du président pour être d'avis — eux aussi — d'écarter Rocard. Ce n'était pas le cas de Robert Badinter, ni le mien : je souhaitais que Rocard restât Premier ministre. À cela, plusieurs raisons. Certaines importantes, d'autres secondaires. La principale était que j'estimais salutaires pour la France les réconciliations entreprises par Rocard. Tout d'abord en Nouvelle-Calédonie et puis en direction des centristes. Face au Front national, j'espérais vraiment que de nombreux hommes et femmes de la droite « honorable » sauraient s'éloigner de l'abîme raciste, pour autant qu'on leur ouvrît des perspectives de gouvernement de coalition avec le PS. J'aurais ainsi très bien vu, après des élections gagnées, Simone Veil nommée garde des Sceaux et rénover le système judiciaire français.

Et puis, Rocard m'était sympathique par son côté « puer eternus », son parler intarissable et peu compréhensible. Si, comme président éventuel, je restais hésitant, j'étais content de le savoir à Matignon, sachant que c'était François Mitterrand qui prendrait toujours les grandes décisions impliquant la France, comme dans le cas de la guerre du Golfe.

Des élections législatives anticipées ?

J'avais précédemment, dans la continuité de mes analyses, proposé au président de tenir un discours simple : « Lors de la guerre du Golfe, la France unie a su vaincre pour le droit et l'ordre international. Une nouvelle tâche est devant nous : faire l'Europe. J'ai besoin d'un large soutien du peuple français. 1993 ne sera pas une partie de plaisir, il y aura de très grosses difficultés. Il faudra tenir bon. Pour cela, des élections législatives avec une majorité renforcée donneront au prochain gouvernement la force requise pour affronter sereinement les prochains événements... » Robert Badinter, lors d'un déjeuner, au moment du déclenchement de l'offensive militaire en Irak, avait plaidé fortement dans le même sens. Le président nous avait dit alors : « Je ne veux pas tirer un profit personnel et politique de cette guerre du Golfe. » Je répliquais que c'était parfaitement démocratique, que c'était la coutume en Grande-Bretagne, ainsi que Margaret Thatcher l'avait fait après les Malouines.

Après la brillante plaidoirie de Robert Badinter et le refus de François Mitterrand, j'étais découragé. Et pourtant, je bravais son déplaisir en revenant à la charge quelques jours plus tard :

« Vous aurez une majorité, soit socialiste seule, soit avec une alliance centriste. Ainsi, les cinq prochaines années, les dernières de votre deuxième mandat, seront assurées. »

Rien n'y fit. Depuis, d'innombrables fois, j'ai regretté que Robert Badinter et moi ne fûmes pas écoutés. Toute l'histoire politique de la France en eût été changée, du simple fait qu'il n'y aurait pas eu de deuxième cohabitation.

Quel Premier ministre ?

L'étape suivante se passa le 8 mai, après un déjeuner avec le président au restaurant Petit Navire. La veille, un article de Ullman était paru dans *Match* sur Pierre Bérégovoy en tant que futur Premier ministre. Le président me demande ce que j'en pense. Je dis : « Pierre serait très efficace pour redonner du cœur à la gauche et faire reprendre confiance aux militants dans les "valeurs" de leur combat. Mais, pourquoi changer Rocard ? »

Après déjeuner, promenade dans Paris, séjour

bref rue de Bièvre, puis repromenade. Il veut savoir comment j'évalue les différents Premiers ministrables. Contrairement à 1984, je ne lui avais pas fait de note à ce sujet. Cela l'énerve et il me presse de questions. Au début, je refuse de me prononcer, lui disant à nouveau qu'il ne m'apparaissait pas urgent de changer Michel Rocard. Le président, mécontent, m'accuse de me défiler et me presse de lui exposer mes idées. Je lui dis alors que je lui écrirais une note sur les avantages et inconvénients que je voyais à chacun des candidats envisageables, mais sans me prononcer sur un choix. Il m'invite à lui en exposer l'essentiel sur-le-champ. Voici, en résumé, ce que j'ai alors dit sur chacun :

— Delebarre : trop jeune encore.

— Delors : à garder pour après les élections législatives de 1993. En dépit d'un soutien très affirmé de Pierre Joxe...

Je sens que le président ne l'aime pas.

— Bérégovoy : le meilleur si on songe au « critère balladurien »[1] qu'un Premier ministre ne doit pas être présidentiable.

— Fabius : le plus compétent peut-être comme Premier ministre. Je vois que cette idée ennuie le président. Je n'insiste pas. Clairement, ce n'est pas son heure.

— Cresson : une femme ! Je dis les avantages liés à sa nomination : la surprise, la dynamisation de l'industrie. Quant aux désavantages : elle est capable de dire n'importe quoi d'irresponsable, et n'a pas d'équipes suffisamment

1. En effet, Édouard Balladur avait écrit dans *Le Monde* un article très remarqué à ce sujet.

compétentes à ses côtés. Cela serait excellent s'il y avait des législatives tout de suite derrière. Je plaide à nouveau pour des élections législatives anticipées et j'ajoute : « Sinon, surtout pas. » Le président, comme piqué au vif, se retourne, me regarde et je comprends alors qu'il a déjà choisi Édith.

Nous étions à ce moment chez un libraire rue de Tournon. Le président se tait, continue à feuilleter des livres, puis me dit... : « Continuez. »

— Bianco : ce choix sera interprété comme le président qui gouverne en direct, ce qui permettrait de faire riper le crédit de la guerre du Golfe sur les législatives.

— Dumas : lorsque j'évoque cette possibilité, le président dit qu'il le trouve trop vieux.

— Badinter : je sais que le président l'aime, mais ne le trouve pas assez politique pour le poste. Je souligne pourtant les bénéfices à tirer de la nomination d'un tel homme qui est l'honneur de la gauche.

Réception commémorative du 10 mai

Quelques jours plus tard, j'étais convié au dîner, par petites tables, que le président avait organisé à l'Élysée pour célébrer les dix ans du 10 mai. Ce fut une soirée inoubliable. Incroyable succession de scènes piquantes. Ils étaient tous là, les prétendants. Et aussi Rocard qui serait immolé, et Chevènement qui s'était suicidé politiquement par sa prise de position lors de la guerre du Golfe et Delors qui confiait naïvement : « C'est la première fois que je suis invité à l'Élysée pour fêter le 10 mai. J'avais d'abord cru à une erreur de secrétariat ou à un canular. J'ai fait téléphoner à Marie-Claire Papegay pour confirmer l'invitation. » Monique Lang me demande malicieusement si je sais « selon quels critères il a été décidé de ne pas inviter ceux qui ne sont pas là ! ».

Le dîner se déroule dans le grand salon d'apparat de l'Élysée. Le président invite à haute voix chacun à s'asseoir là où il est, puis à se déplacer pour dîner ainsi avec tous. Ce fut une soirée vraiment surréaliste. Rocard, blême, fait bonne figure et rit beaucoup. Tous se lorgnent. Chacun observe le trajet du président, allant de table en table dire quelques mots aimables aux uns et aux autres. On évalue auprès de qui son arrêt est le plus long ! Celui-ci sera-t-il ministre dans le prochain gouvernement ?... Incroyable soirée. Dans la petite diagonale du grand salon, on peut voir Édith Cresson et Debarge en conversation animée. L'ambiance générale m'étant assez pénible, je m'éclipse de bonne heure.

L'annonce de la nomination

Le mercredi 15 mai, nous déjeunons, le président, Robert Badinter et moi, avec quelques amis, au restaurant l'Escargot Montorgueil. Vers 14 heures, nous venons de finir les escargots lorsque le président nous dit que dans quelques instants Jean-Louis Bianco a instruction d'annoncer le départ de Rocard et la nomination d'Édith Cresson.

Il explique qu'il a hésité jusqu'au dernier moment et me demande ce que j'en pense, maintenant que la décision est prise. Je suis embarrassé, car il est clair qu'il se souvient de notre récente conversation et que je lui avais dit : « Sinon, surtout pas. » Je monte au créneau, à nouveau, pour le convaincre de dissoudre l'Assemblée nationale et procéder à des élections législatives anticipées, ajoutant que, dans cette éventualité, Édith Cresson contribuerait au succès des élections en apportant le vote des femmes. Le président me dit : « Ne croyez pas cela... les femmes ne voteront pas nécessairement pour une femme. »

Le choix d'Édith Cresson, malencontreux à court terme, a constitué un acte de courage qu'il faut saluer. Un tabou a été brisé. Léon Blum avait, une cinquantaine d'années auparavant, brisé le tabou qu'un juif ne saurait être président du Conseil. Une femme Premier ministre, du jamais vu en France ! Cela ne paraissait pas possible compte tenu de la mentalité encore fortement machiste du monde politique. Et pourtant, auparavant, des femmes de grande envergure auraient pu accéder à ces responsabilités : Marie-France Garaud, par son caractère, était de la classe de Margaret Thatcher, et Simone Veil avait l'autorité et la popularité des grands Premiers ministres scandinaves femmes.

Si, parmi les femmes politiques de talent et de caractère, de plus en plus nombreuses aujourd'hui, l'une d'entre elles accède un jour au pouvoir, cela sera un peu grâce au choix que François Mitterrand aura fait d'Édith Cresson.

Pierre Bérégovoy, Premier ministre

Contrairement à d'autres nominations au poste de Premier ministre, je n'ai connu celle de Pierre Bérégovoy que la veille. C'était Jacques Delors qui apparaissait le plus probable. Voici ce que je pus apercevoir du choix du président.

Au Ritz, Michel Charasse a organisé un déjeuner discret dans les cuisines du grand cuisinier qu'est Le Gay. Le président a bon appétit, et l'agneau de Pauillac est délicieux. La conversation porte sur le futur ministre de l'Éducation nationale. Charasse est très dur à l'encontre de Jospin. Je m'aperçois de l'extraordinaire influence que Charasse exerce sur le président ! Il semble que la veille au soir, au restaurant du Dôme, je crois, un éventuel ministère ait été composé par le président avec l'aide de Charasse.

Le président veut rentrer à pied rue de Bièvre et me demande de l'accompagner. Nous partons tous les deux par la rue de Castiglione. Tout en marchant, nous parlons de nos lectures récentes. Je lui signale le goût que j'ai pour ce qu'écrit Sylvie Germain. Nous échangeons longuement nos vues sur les thèses qu'Élisabeth Badinter développe avec son talent habituel. Je lui fais alors le récit d'une anecdote qu'elle rapporte dans son livre sur Malesherbes, le courageux et malheureux avocat de Louis XVI. Alors que les gardes venaient le chercher pour le conduire à la guillotine, il trébucha en sortant. Il dit : « Funeste présage ! Un Romain, à ma place, eût rebroussé chemin. »

Nous faisons un arrêt dans la librairie les Arcades. Le président feuillette un livre sur lui *Mitter-*

rand s'en va qui vient de paraître. Il me le signale et je l'achète. Nous parlons alors de son image dans l'opinion publique. Je pense que l'influence du « Bébête Show » est favorable. Il me demande alors : « Trouvez-vous que cette grenouille me ressemble vraiment ? »

Finalement, sur les quais, voyant que je ne parlerai pas le premier du changement de gouvernement, le président m'interroge sur ce que je pense. Je commence par lui faire le tableau des traits essentiels de l'opinion publique, à partir du sondage SOFRES qui devrait être rendu public le lendemain, 2 avril. La conversation porte alors sur trois points : l'Europe, avec la nécessaire ratification des accords de Maastricht (de préférence par un référendum), la relance de l'emploi (car le chômage est la cause première de l'insatisfaction des Français) et un meilleur gouvernement (réalisé grâce à quelques mesures ponctuelles).

Le visage du président est terne. Il sent bien qu'il perd son toucher de balle. Cela a commencé après la guerre du Golfe lorsqu'il n'a pas dissous l'Assemblée nationale. Puis il n'a pas réussi à faire prendre racine à Édith Cresson. Il me révèle l'hésitation de Delors. À mesure qu'il parle, l'énergie lui revient. Il est ravi de se promener ainsi pendant plus d'une heure sur les quais alors qu'il sait que le destin est suspendu à son choix, et tous les journalistes, piaillant d'impatience, attendent dans la cour de l'Élysée. L'option Delors étant abandonnée, et Édith, dont il vient de me dire qu'il admire le caractère bien trempé, n'étant pas reconduite, reste Bérégovoy.

Il est 16 h 15 lorsqu'on arrive rue de Bièvre. Pour

moi, je suis fixé. L'annonce officielle sera faite le lendemain, jeudi, à 9 heures.

Pierre Bérégovoy, nommé, a connu une superbe embellie dans l'opinion publique. En effet, au début, on crut qu'il allait rétablir une politique consensuelle, faite de sagesse et de rigueur, autour de la défense du franc fort et de l'Europe, ce qui permettrait la reprise d'une sorte de France unie, unie dans l'effort, dont l'opinion avait regretté qu'elle ne se fît pas et dont elle gardait la nostalgie. Quelques années plus tard, Édouard Balladur profitera d'une telle attente, comme Premier ministre, mais pas assez nettement pour gagner la présidentielle.

Hélas, le cancer du chômage était installé durablement dans le corps social. En outre, les « affaires » étaient exploitées de façon virulente. L'approche des élections de 1993 ne facilitait pas l'apaisement. Pierre Bérégovoy s'est retrouvé très vite, avec tout son gouvernement, avec la gauche, très bas dans l'opinion. il se crut responsable de la défaite électorale de 1993. Harcelé par les « chiens », déstabilisé par le vide qui se crée lorsqu'on quitte le pouvoir, il se tua.

J'en fus profondément attristé. Sans être un ami proche, je l'aimais bien et j'avais toujours eu des rapports aisés et confiants avec lui. Que la vie politique est cruelle pour les justes, vulnérables aux critiques !

8

LES PROCESSUS DE DÉCISION

Les grands choix de François Mitterrand – La décision – Le caractère – La vision – L'événement saisi – L'événement créé – Le pour et le contre de la décision – Décision politique et jeux d'échecs – L'action.

Les grands choix de François Mitterrand

Au cours de son septennat, François Mitterrand eut à faire des choix décisifs aussi bien en politique extérieure qu'intérieure.

En politique extérieure, cinq choix majeurs sont à retenir. Le premier concerne les SS20. Sa fermeté vis-à-vis des Soviétiques a facilité le début des négociations de réduction des armements entre les États-Unis (Reagan, puis Bush) et l'URSS (Gromyko, puis Gorbatchev), ce qui ne fut pas étranger au collapsus de l'Union soviétique. Le deuxième a trait à son attitude vis-à-vis d'Israël et des pays arabes. Ami des deux, il leur tint le même discours, les invita au dialogue, à la reconnaissance tout à la fois des frontières d'Israël et du droit à une patrie pour les Palestiniens. Lorsque cela fut accepté par les deux parties, Shimon Pérès et Arafat purent entamer le difficile chemin de la paix. Le troisième est la participation à la guerre du Golfe aux côtés des États-Unis et des amis arabes, notamment

Moubarak, Fahd et Hassan II. Le quatrième est, lorsqu'en 1993, il repoussa les plans des « visiteurs du soir » et opta pour l'Europe. Enfin, le cinquième est le maintien de la frontière Oder-Neisse dont la reconnaissance par Kohl fut imposée par lui, éradiquant ainsi le germe d'une future guerre européenne.

J'ai eu le privilège d'assister à ces grands choix, et de rencontrer ces acteurs qui firent l'Histoire des relations extérieures de la France : Brejnev, Gromyko, Gorbatchev, Reagan, Bush, Pérès, Arafat, Moubarak, Hassan II.

En politique intérieure, il lui appartint de choisir les Premiers ministres et de fixer les grandes lignes de leurs politiques. Comme il me fut donné d'en connaître certains et que par ailleurs j'étais proche du président, j'ai pu observer — avec curiosité — les comportements respectifs et chaque fois différents des couples ainsi formés, duopoles bizarres, président-Premier ministre, institués par la Ve République. L'ensemble de ces choix est à porter au crédit du président. Et cela, bien que j'aie regretté, personnellement, quelques non-décisions, telles que le désendettement des entreprises publiques, l'abandon des 35 heures, la non-déclaration de guerre au chômage, l'abandon de la France unie et la non-dissolution de l'Assemblée à l'issue de la guerre du Golfe.

François Mitterrand a fait beaucoup pour moderniser la France. Il n'a pas fait assez et l'adaptation de la société française au monde moderne du début du XXIe siècle est loin d'être terminée. Les successeurs de François Mitterrand auront à leur tour des décisions capitales à préparer et à prendre afin de conduire les transformations essentielles requises par les progrès de la science et de la technologie : place nouvelle du travail dans la vie collective, formation des jeunes aux emplois nouveaux, participation effective des citoyens aux décisions les concernant.

La décision

Si j'ai consacré tant d'années à faire de la recherche opérationnelle, qui est la préparation scientifique des décisions, puis tant d'autres années à être conseil de chefs d'entreprise, et enfin, « conseiller du Prince », c'est en grande partie à cause de la fascination qu'exerce sur moi le mystère de la décision.

Pour les politiques de nature ordinaire, la décision est imposée de l'extérieur, par la situation, l'environnement, parce qu'elle est « politiquement correcte », parce qu'elle heurte moins de gens, parce qu'elle est la moins pénible, parce que son conseiller permanent la lui souffle à l'oreille, parce que l'homme veut plaire, être aimé ou être réélu.

Pour les grands, et il y en a peu, la décision provient du versant intérieur de l'être. Si elle se prend après une analyse correcte — ce qui suppose une information la plus exacte possible, et de la lucidité —, elle doit surtout être cohérente avec la vision que le chef a de son rôle historique, confronté aux pays et aux hommes avec qui il traite. Ce chef doit avoir une vaste culture historique, philosophique ou religieuse et il lui faut s'assurer que son choix s'y insère naturellement. Les plus grands évoquent parfois, dans des moments de confidence ou dans leurs mémoires écrits, qu'ils entendent une « petite voix intérieure ». Cela fait penser à la Bible où il est fait mention d'une « légère brise », lorsque c'est le Transcendant qui se manifeste. C'est particulièrement le cas en politique où le « coup à jouer » peut décider du destin national.

Lorsque survient l'instant du choix, l'arbre virtuel qui porte toutes les possibilités futures ainsi que leurs branchements probables est, par la prise d'une décision, réduit à la seule branche maîtresse, celle choisie. Les autres différents futurs virtuels, envisagés, ainsi que leurs conséquences, sont instantanément abolis par la décision. C'est l'attrait de ces interactions entre libre arbitre et destin, imaginaire et réel, habileté et hasard qui, tour à tour, fascine, grise et effraie tous les politiques.

L'observation de François Mitterrand, face à d'autres décideurs qui furent mêlés à l'histoire politique de ces années, m'a montré que la décision dépend de l'interaction et de la cohérence des facteurs suivants : le caractère du chef, sa vision, l'événement saisi ou créé enfin, l'action qui insère de façon irréversible la décision dans le réel.

Le caractère

Ce qui frappait l'observateur chez François Mitterrand, c'était tout d'abord l'extrême complexité du caractère. Sur la période de nos rencontres, soit presque une trentaine d'années, j'ai assisté à quelques centaines d'entretiens. Certains étaient très brefs, quelques remarques jetées en passant, d'autres, des conversations avec une seule personne, ou avec plusieurs interlocuteurs, entretiens de groupe dans des formations très diverses : amis, collaborateurs, ministres, familiers, artistes, jolies femmes, politiques, au sein de ma propre famille, chefs d'État ou dirigeants divers. Bien qu'il ne cessât jamais d'être lui-même, souvent une facette nouvelle — pour moi — de son caractère apparaissait alors, dévoilant telle expérience, telle réflexion intime, tel détour intérieur qui enrichissait le panorama, déjà fortement buriné, du personnage. Étrange combinaison de ruse et de droiture, de prudence et d'audace, d'égocentrisme et d'amitié ; d'hésitation et de volonté inflexible, de délicatesse et de fermeté. Le portrait célèbre suivant le décrit assez bien : « Tout à la fois dissimulé et confiant, il communiquait certaines choses aux uns, certaines aux autres et cachait quelque chose à tous. »

Quant à nos conversations privées — et il dut y en avoir aussi quelques centaines —, elles ont porté moins souvent sur la politique que sur ce qui lui tenait le plus à cœur : les livres, la nature, les femmes, Dieu et la mort... dans cet ordre inverse d'importance.

Devenu président, son caractère n'était plus tout à fait celui du jeune homme de vingt-deux ans qui, dans son premier article publié[1], sur l'Anschluss, fustigeant Chamberlain, écrivait : « Qu'est-ce que la pureté si, une fois, elle défaille ? Qu'est-ce que la volonté si elle plie ? Qu'est-ce que la liberté si elle cède ? » La conquête du pouvoir, les fureurs des

1. François Mitterrand, Revue *Montalabert*, avril 1938, Paris.

attaques contre sa personne, l'exercice des responsabilités suprêmes avaient forgé son caractère et l'avaient tempéré de pragmatisme et de sagesse. Prenons ces trois composantes que, jeune homme, il jugeait essentielles : liberté, volonté, idéal, afin de voir dans quelle mesure le chef d'État les a possédées.

Libre, François Mitterrand s'est toujours proclamé libre, tout au long de ses campagnes. Déjà en 1965, dans son discours-programme, devant la Convention des institutions républicaines, il proclamait :

« Il n'y a pas d'homme plus libre que moi ; j'espère que chacun le sait... Je suis l'homme libre de mener le combat selon l'idée que je m'en fais, après avoir longuement réfléchi [...] après avoir entendu les conseils [...], l'homme libre dans le cadre des options fondamentales que j'ai déterminées. »

Au cours de cette même campagne de 1965, il disait : « J'aime la liberté. Mais, qu'est-ce que la gauche, sinon le Parti de la liberté, encore et toujours ? »

En 1981 et en 1988, il reprit bien souvent ce thème de l'homme libre. De fait, dans le passé, il ne suivra jamais aucune loi autre que la sienne. Son affrontement avec Charles de Gaulle en découla. Ainsi, à Alger en 1944, lorsqu'il reçoit instruction de fusionner le mouvement qu'il dirige de résistance des prisonniers de guerre évadés avec celui des gaullistes et celui des communistes, il se cabre et répond : « Non. » De même, lorsque de Gaulle prend le pouvoir en mai 1958, à la suite du soulèvement civil et militaire d'Alger, il refuse.

Au pouvoir, il se sait et se dit libre de toutes

coteries et mouvements d'idées, libre face à l'argent, aux puissances industrielles, aux grands financiers, libre vis-à-vis des partis. Socialiste peut-être parce qu'il apprécie les finalités du socialisme et de l'humanisme, mais certainement pas marxiste.

Il fut alternativement pro-américain lorsque l'intérêt de la France le réclamait, comme pendant la guerre du Golfe, et insoumis aux pressions américaines contraires à sa politique (Cuba, IDS, gazoduc soviétique). La presse lui importait — il la lisait tous les jours — et pourtant il n'acceptait pas ses diktats. Il était attaché à ce que les Français pensaient de lui, mais il ne gouvernait pas pour plaire à l'opinion publique. Il se voulait et était Libre, tirant ses décisions du tréfonds de lui-même.

Ce trait de caractère s'est manifesté à plusieurs reprises au cours d'épisodes divers comme, par exemple, la rencontre avec Kadhafi en Crète alors que les troupes libyennes guerroyaient au Tchad. Sans écouter l'avis contraire de ses proches, négligeant les commentaires défavorables de la presse, refusant de tenir compte du déplaisir des officiels et du public américains, le président estima que rien ni personne ne saurait lui interdire cette rencontre.

Quelques jours plus tard, alors que je lui en faisais reproche, il me dit que la suite des événements montrerait qu'il avait convaincu Kadhafi que la France ne se laisserait pas bousculer au Tchad. Puis il me fit le portrait de son interlocuteur, le récit de ce qui fut dit, du pittoresque de la garde rapprochée composée de jeunes femmes guerrières en uniforme, armées jusqu'aux dents. À son sourire gourmand, au pétillement de ses yeux, je compris que — friand de personnalités hors du commun —

il avait surtout satisfait sa curiosité, se voulant libre de toute pression.

Sa volonté était exceptionnelle. Une fois sa décision prise et affichée, jamais il ne cédait. Cela s'est particulièrement bien vu lors des deux périodes de cohabitation. Quelles que fussent les pressions et menaces de conflit avec les Premiers ministres, lorsqu'il s'agissait de questions de défense et de politique étrangère, il faisait prévaloir ses choix (refus des fusées terrestres mobiles, maintien du moratoire des essais nucléaires). Et, si, dans un passé récent, face à la maladie qui l'a agressé et l'a tant fait souffrir, il a réussi à remplir son mandat jusqu'au bout, c'est à sa volonté qu'il le doit.

Son stoïcisme a alors complété l'idée que je me faisais de son caractère, synthèse originale de Sénèque, Épicure et Machiavel.

En ce qui concerne enfin son idéal, on peut dire que sa pureté originelle s'était estompée. L'expérience, les épreuves, les combats, la bassesse des attaques subies avaient tempéré de pragmatisme et d'ambivalence son idéal premier.

Pragmatisme ? Oui. S'il n'a jamais été cynique, il est devenu au cours des années suffisamment lucide pour ne pas se faire trop d'illusions sur le courage et la probité des hommes. L'idéal qu'il se forgea alors fut un mélange de son enfance chrétienne, du patriotisme acquis dans la Résistance, de la démocratie et des valeurs républicaines, du socialisme, qu'il a adopté pour conquérir le pouvoir suprême, et auquel il adhéra, de conviction européenne, avec, en toile de fond, un triptyque : « paix, justice et fraternité ».

Ambivalence ? C'est certain. Laurent Fabius en a

dressé d'ailleurs un tableau remarquable[1] : « Une ambivalence fondamentale, métaphysique qui lui fit considérer toute chose comme à la fois elle-même et son contraire, toute personne comme à la fois bonne et mauvaise, toute situation comme simultanément tragique et pleine d'espérance. »

Un autre aspect majeur du caractère de François Mitterrand était son sens de l'amitié. Celui-ci a d'ailleurs parfois influencé ses décisions. Je ne l'ai jamais vu en défaut à l'égard de ses amis, quelle qu'en soit la circonstance. À l'inverse, il était blessé et ne pardonnait jamais le manquement de ceux avec qui il avait établi un rapport humain vrai et chaleureux. Je me souviens de l'épisode suivant concernant Begin. Lorsque, au moment de la tragédie de Sabra et Chatila, Mitterrand a condamné l'avancée jusqu'à Beyrouth en disant que l'engrenage des violences de l'occupation pourrait conduire à un autre « Oradour », Begin le prit à partie, nommément et de façon outrancière. Mitterrand me dit le jour même avec une colère froide : « Je le considérais comme un ami et Begin a manqué à l'amitié. » Il n'eut plus jamais la même attitude à son égard.

Il aimait établir avec ses interlocuteurs des relations humaines, faites de compréhension, d'amicale sollicitude et de séduction, surtout avec les chefs d'État étrangers, parmi lesquels il a distingué Helmut Kohl, Hosni Moubarak, George Bush, Mikhaïl Gorbatchev, Shimon Pérès et (même) Margaret Thatcher.

---

1. Laurent Fabius, *Les Blessures de la vérité*, Flammarion, Paris, 1995.

J'ai observé que si le calcul et la poursuite des intérêts de la France ne furent alors pas étrangers à ses entreprises de séduction, leurs réussites sont venues de sa sincère curiosité pour l'autre ainsi que de l'authenticité de ses dispositions amicales.

La vision

François Mitterrand a souvent défini le but fondamental de son entreprise politique, face à la droite qui, sous couvert de gaullisme, avait accaparé tous les pouvoirs, comme une reprise en main de la République par les républicains. C'est l'explication de la phrase qui a tant heurté la droite, de son allocution, le 23 mai 1981, jour de sa prise de fonction et qui proclamait que « la majorité sociale accède enfin à la majorité politique ».

Mais le cœur de la vision de François Mitterrand, c'était l'Europe, l'unité de l'Europe qu'il a poursuivie, tant sous la IVe République que sous la Ve, dans l'opposition comme au pouvoir. Dès 1965, pendant son allocution de campagne, il se livre :

> « Tout ce qui contient ou fait reculer le nationalisme est bon en soi. Tout se qui préserve ou valorise le patriotisme spirituel, culturel, économique et politique de l'Europe est bon en soi. Tout ce qui accroît les chances d'une vie meilleure pour ceux qui vivent sur le sol de l'Europe est bon en soi... Tout ce qui tendra à remettre aux peuples de l'Europe

unie la responsabilité de leur destin sera bon. Tout ce qui, grâce à l'Europe, permettra aux travailleurs de participer pleinement à la gestion et aux profits, c'est-à-dire à la liberté de vivre, sera bon. Tout ce qui ouvrira l'Europe actuelle, une fois consolidée, aux autres pays qui en accepteront les obligations, sera bon. »

Cette Europe, il la voulut en sécurité et fraternellement ouverte sur le monde. C'est la recherche de la sécurité qui le conduisit à imposer à Kohl la reconnaissance *de jure* de la frontière Oder-Neisse, à faire admettre par Bush et Gorbatchev que les forces nucléaires françaises ne soient pas concernées par l'option zéro des missiles nucléaires en Europe et à promouvoir les accords d'Helsinki. Quant au monde, le discours de Cancún révèle sa vision profonde : « La paix ne régnera pas sur une planète où les pays riches le sont de plus en plus, alors que la misère s'étend sur la moitié de l'humanité. » La fraternité entre les peuples était, à ses yeux, obligation souveraine. Ce faisant, il était dans la droite ligne de la vision mondialiste et messianique de la Révolution française.

L'événement saisi

François Mitterrand savait que l'événement régissait la politique. Il me l'a souvent dit. C'est cette connaissance qui explique dans une large mesure son pragmatisme et sa maîtrise. Parce qu'il lui était arrivé d'être totalement désarçonné face au surgissement de l'inattendu, comme en mai 1968, il connaissait la loi d'airain de l'événement. Avant ces folles journées, la gauche et François Mitterrand étaient presque assurés d'arriver au pouvoir aux prochaines élections nationales. Dès juin 1968, ces espérances étaient en lambeaux.

Je n'ai jamais cessé de m'étonner de son aptitude à accepter la réalité. Lorsque survenait un fait nouveau, si désagréable soit-il, aurait-il même été évitable (dès lors que l'on aurait pris des mesures préventives), il ne récriminait jamais. Pas un mot de regret, pas une seule pensée du genre : « Ah, si j'avais su » ou encore : « Voilà ce que j'aurais dû faire. » Non, il démarre instantanément à partir de la situation nouvelle ainsi créée. Seul le réel compte, tout commence ou tout continue compte tenu de la nouvelle donne. Le fait est là. Point à la ligne.

Il ne soupirait jamais après le passé, contrairement à moi, qui, regardant continuellement en arrière, regrette ici et là de ne pas avoir agi autrement ou encore blâme le « pas de chance ». À l'arrivée de chaque événement, un avenir tout neuf s'offrait à lui. C'est cette disponibilité et la joie d'avoir l'occasion d'affronter une fois de plus l'adversité, qui lui permettaient de changer de pied instantanément, de surfer sur les événements, de prendre appui sur chaque défaite pour rebondir de plus belle. Comme un judoka qui utilisait à son avantage la force de son adversaire, il tirait bénéfice d'un événement contraire à ses vœux. Sa vie politique était une continuelle illustration de cette faculté. D'où également l'extraordinaire rapidité de ses réactions, qui a fait dire à nombre d'observateurs qu'il excellait surtout dans le contre.

D'où, enfin, son exceptionnelle aptitude à ne pas s'engager prématurément. Comme on ne sait jamais ce qui peut advenir d'inattendu, il laissait souvent une situation se décanter jusqu'à l'ultime moment du choix. Il entendait ainsi laisser toutes les possibilités ouvertes. Pour rendre cette liberté possible, il utilisait le secret et l'équivoque. En cela, il est passé maître...

L'événement créé

François Mitterrand savait que l'événement « déplace les lignes ». Lorsqu'il était coincé, ou qu'il ne voyait plus comment sortir d'une impasse, il avait tendance à provoquer, de toutes pièces, un événement qui crée une situation neuve. En artiste de la politique, il se dote d'occasions nouvelles.

Un des exemples les plus éclatants de cette technique, il l'a administré avec sa proposition du « référendum sur le référendum » destiné à sortir du bourbier de la controverse constituée par la loi Savary sur l'école privée. Le 12 juillet 1984, le gouvernement était à la dérive, la France avait vu à la télévision défiler deux millions de protestataires dans la rue, la gauche était accusée d'être liberticide. Et, le 13 au matin, la seule interrogation qui demeurait était : « Le référendum aura-t-il lieu ? Le Sénat osera-t-il se ridiculiser en refusant un référendum alors qu'il en avait proposé un sur l'école libre quelques jours auparavant ? » Une situation totalement nouvelle avait été créée instantanément. Savary démissionnait, Mauroy aussi. Fabius était nommé Premier ministre, Chevènement à l'Éducation nationale. Le Sénat refusa le référendum. Après avoir fait lever et déferler la vague, François Mitterrand est resté debout sur sa planche de surf.

Parfois, l'événement créé était moins important, mais la nature de l'effet était semblable. Ainsi, les annonces surprises de déplacements présidentiels : Beyrouth, après l'attentat meurtrier contre les troupes françaises, Nouvelle-Calédonie en pleine crise, Sarajevo enserrée par le blocus.

Créer la surprise ! voilà également ce qu'aimait faire François Mitterrand. Il était apte, lorsqu'on ne l'attendait pas, à jouer le quitte ou double sur une action d'éclat. C'est aussi ce qu'il admirait chez Charles de Gaulle. Dans un article du *Monde* du 23 septembre 1971, il célébrait l'homme de 1940 qui « se jette au travers de la fatalité, la saisit aux naseaux, l'oblige à changer de route et crée, par la volonté [...], un cours nouveau des choses ».

Le pour et le contre de la décision

Lorsqu'un politique, ou son conseiller, tente d'évaluer le pour et le contre d'une décision, le plus important n'est souvent pas pris en compte et d'ailleurs comment pourrait-il l'être ? Car il s'agit des drames qui risqueraient de survenir dans le futur — si la décision choisie n'avait pas été prise — et que l'on s'épargne sans les subir. En effet, cette branche virtuelle de l'avenir est abolie par le choix. Elle n'existera jamais et avec elle disparaissent toutes les catastrophes futures qui y seraient liées et qui demeureront à jamais inconnues[1].

Illustrons cette idée par un scénario de politique fiction, suffisamment outrancier pour être frappant : « L'évitement d'Adolf Hitler. »

À l'époque où Adolf Hitler était en prison pour avoir conduit une manifestation trop brutale — une sorte de mini-putsch local —, aucune loi ne frappait d'inéligibilité les coupables de tels actes. Supposons, dans ce scénario, qu'au sein du gouvernement allemand de la République de Weimar certains, agacés par les manifestations bruyantes, en Bavière, d'organisations d'anciens combattants de la guerre 14-18 à l'encontre du traité de Versailles aient eu l'intention de les faire cesser par des mesures ad hoc suffisamment efficaces, notamment d'emprisonnement et d'inéligibilité. Supposons qu'ils se soient alors heurtés à des collègues qui auraient voulu prioritairement respecter la liberté d'opinion et d'expression. Supposons qu'ils soient passés outre ces réticences et aient adopté cette législation efficace. Le prix apparemment payé aurait alors été pour la jeune République un déficit

1. Un exemple peut être trouvé dans la fabrication, en milieu stérile, de certains produits biologiques pour lesquels il faut absolument éviter une contamination microbienne, faute de quoi tout est à jeter.

On est conduit à prendre des précautions importantes et très onéreuses et l'on ne sait jamais quelles contaminations ces précautions ont permis d'éviter (car on ne peut connaître que les contaminations qui surviennent), ni l'ampleur des dégâts ainsi épargnés.

Il n'y a donc pas la possibilité d'établir à l'avance un bilan coût/efficacité pour asseoir le choix rationnel de l'ampleur des mesures de précautions à prendre.

de démocratie. Le gain réalisé n'aurait semblé être que celui d'éviter quelques « manifs » désagréables.

En fait, si les mesures avaient frappé d'inéligibilité les contrevenants, l'Allemagne se serait épargné tout à la fois la candidature et l'élection d'Adolf Hitler, le régime nazi, une guerre terrible et ses immenses conséquences. La Seconde Guerre mondiale n'aurait alors été qu'une virtualité non advenue dont on n'aurait même pas imaginé qu'elle fût possible, ni qu'elle pût entraîner plus de vingt millions de morts.

Ainsi, pour gouverner, c'est-à-dire conduire l'Empire, comme l'écrivait Lao Tseu, il faut chercher en soi la voie à suivre car il n'existe en la matière nulle carte de navigation indiquant les écueils, ni sur la route choisie ni sur celle que l'on ne prendra pas.

J'ai décrit précédemment certains choix majeurs effectués dans de tels contextes d'incertitude et d'inconnu. À titre d'illustration, j'en évoquerai ici trois. Que serait-il advenu de l'économie française si la politique de Jean Riboud avait été appliquée en 1983 ? La construction européenne aurait-elle survécu ?

Si François Mitterrand n'avait pas apporté une aide décisive au déploiement des Pershing et des missiles de croisière pour contrebalancer les SS20, les Soviétiques, ayant gagné ce bras de fer, n'auraient-ils pas poursuivi leur poussée en Europe ? Les militaires russes auraient alors été en mesure d'empêcher l'accession au pouvoir de Gorbatchev qui prônait la réduction massive des armements.

Sans le passage de Gorbatchev au pouvoir, l'URSS aurait-elle disparu ? Et dans quel monde vivrions-nous maintenant ? enfin, on ne saura jamais si l'on a évité une éventuelle troisième guerre mondiale grâce à la reconnaissance *de jure* de la frontière Oder-Neisse, imposée par la détermination du président.

Décision politique et jeux d'échecs

De nombreux auteurs ont été frappés par les similitudes entre les décisions politiques et celles que prend le joueur d'échecs avant chacun de ses coups, lorsqu'il analyse tout ce qu'il peut faire, tout ce que son adversaire peut répliquer et qu'il inscrit une tactique dans sa vision stratégique du jeu.

Plus généralement, les commentateurs politiques, à la recherche de concepts explicatifs des comportements des acteurs politiques, ont utilisé le formalisme et le langage des jeux de société, échecs, poker et même billard, employant des termes comme : jeu à somme nulle, minimax, gambit, bluff, coup par la bande, etc.

Ayant pour ma part, dans ma pratique de la recherche opérationnelle, beaucoup travaillé sur la théorie des jeux et l'ayant utilisée comme outil de simulation pour construire des modèles de préparation de décisions, j'ai appris à connaître et respecter les limites de ces facilités du fait de différences radicales.

Aux échecs, tout, ou presque, est connu du jeu, de la situation des pièces et de la finalité des joueurs. Il existe des règles intangibles de comportement. Enfin, le hasard n'y a pas sa place. Il en va tout autrement de la politique et de la guerre, celle-ci d'ailleurs — comme l'a décrit Clausewitz, en reprenant Sun Tzu — n'étant que la continuation de la politique par d'autres moyens.

En politique, ainsi que le montrent les exemples qui précèdent, le décideur doit faire face à une information cruellement incomplète et cependant il lui faut décider sans pouvoir espérer en savoir davantage. D'autre part, la partie est considérablement plus complexe car elle comporte des aspects divers et entremêlés : économiques, idéologiques, religieux, culturels[1], historiques, sociologiques, humains, etc. Enfin, l'importance de l'enjeu, souvent dramatique pour la nation, exerce une forte pression psychologique qui peut avoir un effet sur la décision, d'où l'importance extrême d'un caractère bien trempé.

Pourtant, il y a des domaines dans lesquels les concepts et outils dérivés de la théorie des jeux s'avèrent utiles. Le premier, le plus connu, est celui de la dissuasion. Par exemple, on peut analyser le degré de stabilité d'un équilibre de la terreur entre deux pays selon leurs capacités nucléaires de première et seconde frappe. C'est ainsi que l'on a pu mesurer l'effet désastreux du déséquilibre généré par l'IDS chère à Reagan.

Le second, l'élection présidentielle au suffrage universel, constitue un autre intéressant domaine d'application. J'ai décrit, avec quelques détails, les analyses liées à l'élection de 1981. J'ai pu également

1. C'est l'une des raisons pour lesquelles il est capital pour un homme politique de posséder une vaste culture. Une autre raison est que, comme le dit le *Tao-tê ching*, « l'Empire échoit toujours aux hommes de loisirs ».

élaborer des techniques spécifiques à l'occasion de celle de 1988.

Si l'élection présidentielle peut bénéficier de l'éclairage de la théorie des jeux, c'est qu'elle présente certaines caractéristiques analogues à celles des échecs :

— Deux candidats principaux, du moins au second tour ;

— Un jeu de somme nulle :

Le conflit n'entraîne ni création ni destruction de richesses.

Ce que l'un gagne est équivalent au manque à gagner ou à la perte de l'autre.

— Des stratégies de conquête, d'occupation de territoires, d'étouffement, de mobilité, etc., assez proches du combat échiquéen ;

— Un calendrier fixe et intangible, avec un début et une fin de partie, ainsi que des étapes structurées.

Évidemment, l'analogie ne saurait être conduite trop loin car le lieu et la nature du combat diffèrent totalement. Il ne s'agit plus du contrôle des cases de l'échiquier, mais de la conquête de la raison et du cœur des différentes composantes de l'électorat.

L'action

Une fois la décision prise, François Mitterrand l'affichait et s'y tenait. On a vu pourquoi, en fait, il balançait et hésitait jusqu'au dernier instant possible. J'ai pu être le témoin privilégié de ces balancements sur le choix de Premiers ministres, sur sa position ultime dans la guerre du Golfe, sur le choix d'une autre politique économique. Mais, une fois la décision prise et annoncée, il la considérait comme irréversible et s'y tenait d'une façon inflexible[1]. Quand il avait commis une faute d'appréciation et/ou quand les événements tournaient autrement qu'il l'avait supputé, il ne changeait pas ses choix. Il persévérait jusqu'au moment où, parfois les choses se modifiant, une conjoncture nouvelle se présentait dans laquelle sa décision n'apparaissait pas si mauvaise après tout, et parfois même judicieuse. Tel un joueur, il en conservait l'espoir. Espoir couronné par le succès lors de l'épisode des « visiteurs du soir » lorsqu'il décida en mars 1983 de ne pas sortir du serpent monétaire. Mais, hélas, espoir déçu lors du choix d'Édith Cresson comme Premier ministre en mai 1991.

Il s'agissait pour lui d'une saine gestion du temps. Agir, certes, mais à propos, au bon moment. Ce qu'il exprimait en disant : « Il faut donner du temps au temps. »

Dans l'Histoire, François Mitterrand distinguait parmi les politiques ceux qu'il nommait les « Grands Hommes » et dont Charles de Gaulle disait qu'« ils le sont de l'avoir voulu ». Il les admirait surtout pour leur capacité inflexible d'action. Ainsi, dans le passé de la France, il aimait citer Louis XI, Richelieu, Danton, Napoléon III, Gambetta. Au XXᵉ siècle, il admirait surtout Clemenceau

1. Alain Peyrefitte rapporte une leçon humoristique que de Gaulle lui fit en 1963 : « Le président de la République donne toujours suite à ce qu'il a décidé et, s'il ne donne pas suite, c'est qu'il n'avait rien décidé. »

et Churchill. Chacun avait conduit son pays durant une guerre terrible, et leur volonté avait assuré la victoire. Il aurait préféré une destinée semblable plutôt que de se battre avec l'économie.

Il aimait aller se recueillir sur la tombe de Clemenceau en Vendée et m'avait, à deux reprises, fait visiter la modeste maison du bord de mer où le Tigre s'était retiré pour y finir sa vie. Nous avions tous deux lu les admirables lettres d'amour de Clemenceau « à une amie ». Il lui écrivait : « Je vous aiderai à vivre, vous m'aiderez à mourir. »

Le 26 octobre 1994, pour son dernier anniversaire à l'Élysée, j'étais venu lui apporter en cadeau un dessin au fusain du Tigre. Quelques années auparavant, je lui avais, à un autre anniversaire, déjà donné un portrait de Gambetta parlant à la Chambre des députés et qu'il affectionnait. Dans celui-ci, Clemenceau était représenté debout, en orateur fougueux, apostrophant l'auditoire. Le président était épuisé, manifestement à bout de forces. Il me disait, et c'était la première fois : « Je n'en peux plus..., c'est trop dur..., les souffrances... » Puis, un grand silence.

Nous étions assis dans son bureau face à face. Cela dura une demi-heure. C'est long une demi-heure en silence lorsque l'émotion vous noue la gorge. Il me revenait des images de nos promenades dans les Cévennes alors même que je sentais la mort, là, présente. De temps à autre, il regardait le portrait de Clemenceau que j'avais disposé contre le dossier d'une chaise, comme pour y puiser le courage de continuer à vivre et à lutter. À la fin, il me dit : « C'était le plus grand. » Il me fit signe d'approcher, me serra la main, et je quittai son bureau.

CONCLUSION

Aujourd'hui, la situation est devenue si difficile que la France ne peut espérer s'en sortir que dans et par l'unité. C'était déjà le message de Charles de Gaulle pour qui la France n'est grande qu'unie, et si François Mitterrand a été réélu en 1988, c'est parce qu'il a su faire espérer en la France unie. Ni l'un, ni l'autre ne furent en mesure de réussir à transcender les divisions. Il est à souhaiter que les prochaines élections législatives, qui interviendront au plus tard en 1998, conduiront à un gouvernement d'union nationale.

Mais cette aspiration à l'union est aussi ressentie en Europe. Là encore, de Gaulle avait vu juste et loin avec son fameux « De l'Atlantique à l'Oural ». Pour François Mitterrand, ainsi que l'histoire et la géographie le commandent, la Russie faisait partie de l'Europe et c'est donc avec elle qu'il fallait la bâtir, même s'il est réaliste de ne procéder que par étapes. Enfin, est-il utopique d'espérer que la planète entière se rassemble sous une loi commune et que les peuples, las de guerres et de misères, dans une fraternelle destinée, réalisent un jour l'unité ?

Cette « idée sublime, ce but lointain du genre humain », comme l'écrit Michelet.

À l'issue de cette longue plongée dans ma mémoire, qui a remué tant de souvenirs et m'a permis de mettre cette partie de ma vie en perspective, ai-je répondu à mes interrogations initiales ? Ai-je pris conscience des événements dont ma vie fut tissée ? Ai-je discerné la part du destin dans ces agencements, les rôles respectifs des chefs et des peuples ? Ai-je compris comment s'est faite cette Histoire dont je fus témoin ? Ai-je perçu le bruit de la main gauche ?

Il m'arrive, certains jours, de le penser.

Post-scriptum du 8 janvier 1996

Ce matin, François Mitterrand est mort.

Entre toutes les réactions, je suis particulièrement touché par celle de Jacques Chirac. Lui qui fut, ainsi qu'il l'a dit, à la fois son adversaire, son Premier ministre et son successeur, annonce-t-il par cet éloge funèbre la nécessaire réconciliation des Français ?

ANNEXES DU CHAPITRE 2

Note de campagne N° 1

Introduction

— Les enquêtes d'intention de vote (1er et 2e tour) n'ont pas grand sens parce que :

- Les présidentielles sont encore éloignées.
- Les sondés ne savent pas vraiment qui sera candidat.
- La campagne n'a pas eu lieu.
- D'une façon générale ces sondages sont incertains*.

— Par contre, les enquêtes d'opinion peuvent donner des indications sur :

- Les potentiels électoraux.
- Les attentes et désirs des électeurs.
- Dès lors, des orientation de campagne à mener pour atteindre certaines fractions bien précises de l'électorat.
- Cerner des phénomènes impossibles à quantifier autrement.

— Surtout si on peut distribuer (« croiser ») les opinions selon les sous-groupes qui ont déclaré vouloir voter, au premier tour pour tel ou tel candidat. On a ainsi par comparaison (avec la moyenne nationale ou les autres électorats) les tendances propres à chaque électorat.

Ces résultats « différentiels » ainsi obtenus peuvent être

---

* Pour un sondage sur 1 000 personnes, en supposant un échantillon bien représentatif (sexe, socioprofessionnel, âge, résidence) et pour des réponses dans la fourchette 40 %-60 %, l'imprécision statistique est de l'ordre de 3 %.

justes alors même que soient erronés les résultats bruts et globaux sur les intentions de vote.

— C'est ce qui a été fait, en posant 4 séries de questions destinées à mieux cerner :

• Le RPR (potentialités d'un vote socialiste au 2e tour).

• Les communistes (face au problème de l'abstention au 2e tour).

• L'image présidentielle.

• L'effet Rocard.

RPR (Potentialités d'un vote socialiste au 2e tour)

1. À la question : « Et aujourd'hui de quelle famille politique vous sentez-vous le plus proche ? »

18 % répondent RPR (ce qui est presque à égalité avec le PS (20 %) et avec l'UDF (16 %).

À noter que si on élimine les abstentions, ces pourcentages deviennent :

23 % (RPR) — 26 % (PS) — 20 % (UDF).

Mais, dès le 1er tour, la moitié de ceux qui ont dit être le plus proche du RPR votent Giscard.

2. On a posé 5 questions sur les désaccords dans la majorité.

D'une façon générale, l'électorat RPR est plus « braqué » et plus hostile à Giscard que la moyenne nationale.

3. À la question : « Votre avis sur les éventualités d'avenir ».

(Réponses croisées par électorat) : on voit que l'électorat Chirac s'attend plutôt à un rapprochement gaullistes/socialistes.

Électorat 1er tour	Rapprochement gaullistes/socialistes	Rapprochement Giscard/socialistes	Réconciliation socialistes/comm.
CHIRAC	26	18	10
GISCARD	11	34	6
MITTERRAND/ROCARD	19/16	22/30	18/11
Moyenne nationale	17	24	13

4. Et à la question sur le rapprochement souhaitable, ces mêmes électeurs le désirent à 46 %. À noter que l'électorat Giscard (1er tour) désire le rapprochement avec les socialistes (64 %).

Électorat 1er tour	Gaullistes/ Socialistes	Giscard/ Socialistes	Ne sait pas
CHIRAC	46	24	30
GISCARD	16	64	20
MITTERRAND/ROCARD	33/36	37/42	30/30
Moyenne nationale	28	40	31

5. Et pourtant lors du report des voix du 2e tour :

Actuellement	72 % vont à Giscard et 8 % à Mitterrand
Dans le cas d'une candidature Rocard	58 % vont à Giscard et 25 % à Rocard

6. Pourquoi ?

On peut trouver un facteur explicatif dans une mauvaise image de Mitterrand au sein de cet « électorat 1er tour Chirac ». À la série des questions sur les images et qualités présidentielles on a en effet :

LES QUALITÉS SOUHAITÉES CHEZ UN PRÉSIDENT PAR L'ÉLECTORAT 1er TOUR (côté de Mitterrand)

	Socialistes	Moyenne nationale	RPR
Expérience	68	36	23
Fermeté	42	16	7
Volonté	46	19	11
Habileté	60	31	21
Tête à Brejnev	55	21	7
Tête aux USA	45	19	9
Tête aux producteurs de pétrole	50	20	7

7. Essai de conclusions :

Électorat Chirac (qui reste après une « fuite » massive vers Giscard au 1er tour) est attiré par les socialistes mais ne traduit (pas encore aujourd'hui) cela par un report de voix au 2e tour pour Mitterrand dont l'image qu'il porte est mauvaise.

Les communistes (Abstention au 2e tour ?)

1. Vote spontané au 2e tour : bon report

65 % des votants Marchais au 1er tour votent au 2e tour (contre 56 pour Rocard)

24 % des votants Marchais au 1er tour s'abstiennent au 2e tour (contre 31 pour Rocard).

11 % des votants Marchais au 1er tour votent Giscard au 2e tour (contre 13 pour Giscard)

2. À la question : « Pensez-vous que la direction communiste dira de se désister pour FM et Rocard », l'électorat Marchais (1er tour) donne une réponse différente de celle de la moyenne nationale.

	oui certainement	oui peut-être	non peut-être	non certainement	NSP
Électeurs communistes	29	32	16	18	5
	61 %		34 %		

L'électorat Marchais (1er tour) manifeste ainsi sa confiance dans la décision unitaire de la direction.

3. À la question sur le vote communiste au 2e tour pour FM, dans l'éventualité où le PC prône l'abstention au 2e tour :

L'opinion des votants Marchais sur le vote des communistes :

				Moyenne nationale	
• vont sûrement s'abstenir	29 %	58 %	sensiblement la même que la moyenne nationale	24 %	51 %
• vont peut-être s'abstenir	29 %			27 %	
• ne vont peut-être pas s'abstenir	19 %	34 %		22 %	38 %
• ne vont certainement pas s'abstenir	15 %			16 %	

(pour Rocard idem)

Cet électorat s'attend donc à être discipliné.

4. Mais : À la question : « Si le PC s'abstient et que Giscard est réélu, pensez-vous que les électeurs communistes :

	électorat Marchais		Moyenne nationale	
• feront confiance au choix de la direction du PC	36 %	50 %	31 %	43 %
• seront indifférents	14 %		12 %	
• désapprouvent	29 %	39 %	30 %	43 %
• s'indigneront	10 %		13 %	

On voit que 40 % de l'électorat désapprouvent ou s'indigneront : il y a là un risque potentiel considérable pour la direction du PC.

5. Si la direction du PC prône l'abstention, les véritables raisons de ce choix sont (plusieurs réponses possibles) :

	électorat Marchais 1er tour	Moyenne nationale
• PC + fort dans l'opposition	11	22
• URSS préfère Giscard à Mitterrand (ou Rocard)	6	21
• PC révolutionnaire et refuse de gérer le capitalisme avec le PS	33	20
• PC se méfie du PS	46	37
• refuse le pouvoir car réformes	16	25

L'électorat communiste ne croit pas que l'URSS préfère Giscard et un sur trois croit à l'explication « officielle » de la direction.

Rocard

1. Intentions de vote au 1er tour

Par l'analyse comparée de l'électorat socialiste du 1er tour on voit que les *frontières* de l'électorat Rocard sont floues avec les tentations (Giscard — abstention — écologistes) :

Les 10 points de mieux que FM (chez les électeurs socialistes) viennent de :

— 5 % de ceux (15 %) qui allaient chez Giscard

— 4 % de ceux (12 %) qui s'abstenaient.

2. (Suite). Maintenant, l'analyse par électorat des réponses aux questions montre que les 8 points globaux de mieux aujourd'hui de Rocard (sur Mitterrand) viennent d'un peu partout :

Votants au 1er tour	Si Mitterrand est candidat	Si Rocard est candidat	Différence
Chirac	16	14	
Debré	7	6	3
Giscard	33	36	3
Lalonde	4	6	2
Marchais	17	17	0
Mitterrand	18		
Rocard		26	8

Là encore il s'agit d'un « flou aux frontières » de l'électorat Rocard.

3. Intentions de vote du 2e tour

Dans tous les cas de figure, ces 8 à 10 points sont maintenus au 2e tour.

On a analysé par « famille » et par électorat :

- 3a

Familles

- Le PC a un comportement presque identique 50 % votent socialiste
  30 % s'abstiennent
  20 % votent Giscard
- Mais
  au sein même de la famille des socialistes, 10 % de + vont chez Giscard (probablement ceux d'en haut du 1er tour)
- surtout chez les partisans Chirac
  3 % votent Mitterrand, 11 % s'abstiennent, 86 % Giscard
  16 % votent Rocard 7 % s'abstiennent, 76 % Giscard

- 3b Votants du 1er tour

RPR
- 25 % de ceux qui ont voté Chirac (1er tour) votent Rocard au 2e tour
- 8 % de ceux qui ont voté Chirac (1er tour) votent Mitterrand au 2e tour

PC là il y a une différence : 65 % votent Mitterrand et 56 % Rocard.

	Chirac	Giscard	Marchais	Mitterrand	Abs.
Giscard	72	97	11	11	29
Mitterrand	8	2	65	86	14
Abstention	20	1	24	3	57

	Chirac	Giscard	Marchais	Rocard	Abs.
Giscard	58	93	13	7	16
Rocard	25	5	56	92	17
Abstention	17	2	31	1	70

Observations diverses

1. Les femmes proportionnellement plus nombreuses qu'en 78.

- Dans la famille PS.
- Dans l'électorat Mitterrand 1er tour.
- Pas de différence avec Rocard (même plutôt moins de femmes chez Rocard)

Alors que dans l'électorat Marchais le pourcentage des femmes chute beaucoup : (18 % hommes — 10 % femmes). (Dans « famille PC » il y a égalité hommes/femmes).

2. Traits de caractère souhaités chez un Président

Politique étrangère (épreuves)	Intérieur (chômage)
Expérience	Expérience
Fermeté	Fermeté
Habileté	Volonté

Nota : « Jeunesse aucun succès ».

Les Français, quelle que soit leur appartenance politique, veulent chez leur président l'expérience et la fermeté.

3. Cette attente pourrait favoriser Mitterrand si la campagne avait pour effet de mettre en évidence ces qualités (réelles) de F. Mitterrand.

4. La seule faille de l'image de Giscard, c'est « la volonté ».

5. Barre est battu dans toutes les hypothèses. Il est vrai que peu de gens le croient candidat.

A contrario, il faut s'attendre à ce qu'une campagne « Giscard/Rocard » accuse nettement (et cruellement) le désavantage de Rocard quant à l'expérience.

Note de campagne N° 3

Introduction

— La note analyse les résultats des sondages effectués dans la dernière semaine de décembre 1980, à savoir ceux de :

• *Express* (3 janvier) du cabinet BVA.

• *Quotidien* (5 janvier) de « Indice-Opinion ».

— Toutes les remarques liminaires de la 1re note (fin octobre) restent valables :

• Les intentions de vote n'ont pas grand sens parce que les présidentielles sont encore éloignées.

La campagne n'a pas eu lieu et, d'une façon générale, ce type de sondage comporte une imprécision statistique inhérente de l'ordre de 3 %.

• Par contre, la comparaison des opinions (ventilées selon les électorats de tel ou tel candidat) donne des tendances significatives.

— Ainsi, on a poursuivi l'analyse :

• du RPR (potentialités de vote socialiste au 2e tour),

• des communistes (s'abstiendront-ils face à un duel Giscard/Mitterrand au 2e tour ?)

• de l'image présidentielle.

RPR (Potentialité d'un vote socialiste au 2e tour)

1. Le sondage de *L'Express* sur « Mitterrand élu en 1974 aurait-il fait mieux que Giscard » ne montre pas de différence significative entre l'électorat RPR et celui de Giscard.

Donc, sur le passé, cet électorat RPR reste dans une disposition d'esprit hostile à Mitterrand, déjà analysée en octobre 1980.

2. Par contre, le sondage du *Quotidien* révèle pour le futur une accentuation assez nette du « Tropisme vers les socialistes » déjà amorcée en octobre 80.

• Ainsi, à la question sur les élections partielles de 1980 : « Il y a eu un rapprochement entre électeurs socialistes et RPR, pensez-vous que cela peut être durable et avoir des conséquences politiques importantes ? » 60 % de l'électorat RPR répond oui. (Moyenne nationale 47 %.)

• À la question : « Peut-il y avoir en France des événements politiques susceptibles d'influencer l'élection présidentielle ? », 23 % de l'électorat RPR répond oui (contre 13 % de l'UDF).

Le résultat en potentialité de désistement pour Mitterrand au 2e tour est très net :

• Les voix RPR du 1er tour (Chirac et/ou Debré) se reportent au 2e tour :

59 % pour Giscard — 26 % pour FM — 22 % Abstention
(alors qu'à fin octobre, on avait pour la même question :
72 % pour Giscard — 8 % pour FM — 20 % Abstention.

Conclusion

L'influence négative du passé semble s'estomper.

Une attitude très hostile à Giscard deviendrait possible pour Chirac sans (trop ?) de dommage dans son électorat, du moins celui qui lui reste après la « fuite au 1er tour » vers Giscard qui demeure presque aussi importante qu'en octobre 80.

Les communistes (Abstention au 2e tour)

1. L'enquête de *L'Express* est remarquablement révélatrice de l'attitude « mitterrandiste » de l'électorat communiste, ou plus exactement les électeurs communistes voient une différence fondamentale entre Giscard et Mitterrand dans les domaines investigués (voir ci-dessous tableau réduit à l'essentiel).

« Mieux »	Pensez-vous que les choses se seront passées mieux, moins bien, de la même manière si c'était F. Mitterrand qui avait été élu président de la République en 1974					
	Moyenne nationale		Communistes		Socialistes	
	mieux	moins bien	mieux		mieux	
• La lutte contre les inégalités sociales	48	9	76		72	
• Le climat social	35	18	65		55	
• Votre pouvoir d'achat	29	18	57		50	
• La sécurité de votre emploi ou celle de votre conjoint	24	9	53		35	
• L'information des Français	25	13	50		43	
« Moins bien »			mieux	moins bien	mieux	moins bien
• Le rôle de la France dans le monde	12	28	29	11	20	20
• La Défense nationale	12	21	26	8	18	12

2. Au 2e tour, parmi ceux qui ont voté « Marchais au 1er tour » déjà moins nombreux (16 %) que la « famille communiste » (20 %), on trouve :

55 % pour Mitterrand — 35 % Abstention — 9 % Giscard

Conclusion

On voit l'immense difficulté pour la direction du PC de prôner l'abstention dans le cas du duel FM/Giscard au 2e tour.

Quelques réflexions

1. Giscard d'Estaing perd du terrain dans son électorat alors que son image devient moins bonne.

2. F. Mitterrand consolide sa position à gauche :

a) Il a déjà récupéré une bonne partie de l'électorat Rocard.

b) Il réalise un très bon score dans l'électorat PC.

3. Au 2e tour, la progression de F. Mitterrand est importante par rapport aux sondages antérieurs, mais ceci doit être tempéré par deux points :

a) Les votes qui se portent sur F. Mitterrand sont pour l'essentiel des votes anti-Giscard.

b) L'image de F. Mitterrand, bien que s'améliorant, doit encore être travaillée dans un sens positif.

Par conséquent, cette progression observée est encore fragile alors que le président sortant n'a pas commencé sa campagne directe.

4. L'électorat RPR commence à admettre le thème des convergences en même temps que l'électorat PC aspire toujours largement à voter pour F. Mitterrand au 2e tour.

Ces sondages consolident donc les analyses esquissées précédemment.

Ils démontrent de façon plus précise qu'un espace politique existe pour ces présidentielles.

ANNEXE DU CHAPITRE 3

Note du 12 avril 1984 sur Opinion publique/Gouvernement/Élections 86

OBJET : OPINION PUBLIQUE/GOUVERNEMENT/ÉLECTIONS 1986

Après la conférence de presse du 4 avril, il est clair pour la quasi-totalité des Français que :

— nous vivons aujourd'hui un moment historique important,

— le président tient entre ses mains le destin de notre pays,

— les vérités qu'il a exprimées lors de sa conférence correspondent à la réalité économique et aux priorités nécessaires et doivent rapidement être suivies d'actes décisifs.

La réponse à cette extraordinaire attente passe nécessairement par un changement du gouvernement actuel (dont la cote de confiance n'a jamais été aussi basse), rendu plus urgent par la « mise au net » (*cf.* ma note du 11 avril).

La présente note s'articule comme suit :

I. CHOIX D'UN PREMIER MINISTRE
- Pierre Bérégovoy
- Laurent Fabius
- Michel Rocard
- Jacques Delors
- Édith Cresson

II. LE GOUVERNEMENT
1. Postes principaux
   - Économie
   - Jeunesse

- Industrie
- Intérieur
- Justice

2. Les autres

III. ANNONCE

IV. ACTIONS DE COMMUNICATION

1. Massive
2. Rôle particulier de quelques ministres

I. CHOIX D'UN PREMIER MINISTRE

Examinons rapidement les points forts et les faiblesses des « quelques possibles » :

<table>
<tr><td rowspan="5">Pierre Bérégovoy</td><td>+</td><td>—</td></tr>
<tr><td>• L'ORDRE ET LA DISCIPLINE RÉGNERONT DANS L'ACTION DU GOUVERNEMENT CAR IL SERA UN PARFAIT CHEF D'ÉTAT-MAJOR.
• VOUS POUVEZ EN VOUS DÉCHARGEANT SUR LUI DU QUOTIDIEN CONCENTRER VOTRE ÉNERGIE SUR LES QUESTIONS ESSENTIELLES.
• Son sens politique évitera les bévues.
• Bon négociateur.
• Vous le changerez le moment venu sans problème.
• Bon effet sur le PS. Son profil doit plaire à l'électorat du PC.</td><td>• SON ANNONCE NE SURPRENDRA PAS ET IL FAUDRA DES ACTES INATTENDUS.
• IL Y A BEAUCOUP DE TRAVAIL À FAIRE POUR QUE SON IMAGE DEVIENNE FORTEMENT POSITIVE.
• Jacques Delors devra quitter l'Économie (Banque de France ? Éducation nationale ?).
• Plutôt symbole de « justice sociale », il représente peu l'image d'une France qui veut se moderniser.</td></tr>
<tr><td colspan="2">IMAGE</td></tr>
<tr><td>+</td><td>—</td></tr>
<tr><td>• Proche des petites gens, des syndicats, de la France qui souffre.
• Sincère.
• Homme d'ordre et de tradition.
• Jugé « capable » par 50 % de l'électorat PC (IFRES).</td><td>• Crédibilité faible en tant qu'homme d'État ou Premier ministre.
• Popularité faible dans tous les sondages.</td></tr>
</table>

	+	—
Laurent Fabius	• MEILLEUR SYMBOLE DE LA PHASE ACTUELLE DU TRAVAIL DU GOUVERNEMENT. • Ses capacités correspondent aux problèmes jugés essentiels par les Français. • Effet positif sur l'opinion. • Bien accepté par le PS. • Bon effet sur les milieux d'affaires.	• JEUNE. • Ne pourra pas être facilement remplacé à son poste actuel. • Origine sociale trop apparente.
	IMAGE	
	+	—
	• A enregistré la plus forte hausse de popularité dans les milieux dont il a la charge : chefs d'entreprise, industriels et cadres (CCA/SOFRES). • Hausse chez les jeunes et les femmes. • Bonne image chez les financiers américains *(Wall Street Journal).*	• Technocrate, efficace mais froid (CCA). • Mauvais score de popularité chez les ouvriers (IFOP).

	+	—
Michel Rocard	• REMONTÉE INSTANTANÉE DE L'IMAGE GOUVERNEMENTALE DANS TOUS LES SONDAGES. • Plus grande facilité pour effectuer un recentrage éventuel lors d'un départ possible du PC (voir ma note du 11 avril).	• IL JOUERA SON JEU PERSONNEL. • Sur 2 ans, son image positive actuelle risque fort de se dégrader. • Vous vous privez de la possibilité de le choisir fin 1985, quelques mois avant les législatives.
	IMAGE	
	+	—
	• Personnalité politique sur laquelle se portent le plus les préférences des Français (tous les sondages). • Image d'homme d'État, porteur d'une vision d'avenir qui réfléchit à l'essentiel. • La meilleure image dans l'opposition et au PS. • Bonne image au PC.	• Image « rêvée » (catalyseur d'espérances diverses) et donc vulnérable à l'épreuve de la « réalité ».

<table>
<tr><td rowspan="6">Jacques Delors</td><td>+</td><td>—</td></tr>
<tr><td>• CHOIX D'UNE CERTAINE LOGIQUE.
• Bonne popularité.
• Européen.
• Inspire la confiance.
• Bon pédagogue à la télévision.</td><td>• Aucun effet de surprise.
• Pas de dynamisme.
• Difficultés certaines avec d'excellents ministres que vous aimeriez conserver.</td></tr>
<tr><td colspan="2">IMAGE</td></tr>
<tr><td>+</td><td>—</td></tr>
<tr><td>• « Honnête homme. »
• Raisonnable.
• Proche des PME, artisans, commerçants.</td><td>• Ne suscite ni enthousiasme ni rejet.
• Chute sensible chez les cadres et les patrons.
• Image fragile.</td></tr>
</table>

<table>
<tr><td rowspan="6">Édith Cresson</td><td>+</td><td>—</td></tr>
<tr><td>• Choix qui surprendra.
• Forte action possible sur les femmes.
• Jacques Delors peut rester à l'Économie.
• Vous pouvez (devez même) choisir son cabinet.</td><td>• Vous serez obligé de l'assister dans son action et la soutenir lors de conflits — toujours possibles — avec tel ou tel ministre, même si elle n'a pas raison.
• L'opposition engagera assez vite une polémique sur la question de compétence.
• Si EC gagne cette polémique, ce moins (relatif) se transformera en un grand plus.</td></tr>
<tr><td colspan="2">IMAGE</td></tr>
<tr><td>+</td><td>—</td></tr>
<tr><td>• Battante, couronnée de succès.</td><td>• Son image n'est pas adaptée à l'électorat du PC.</td></tr>
</table>

II. LE GOUVERNEMENT

1. Postes principaux

• Économie

Si le Premier ministre est Pierre Bérégovoy ou Laurent Fabius, alors Jean Riboud serait parfait.

Si c'est Édith Cresson, vous aurez le choix entre Jacques Delors et Jean Riboud, selon la politique que vous souhaiterez mener.

Si c'est Michel Rocard... je ne sais pas.

• Jeunesse

Il faut un grand ministre de la Jeunesse qui coifferait l'Éducation nationale, la Formation professionnelle, les Sports et une partie de la Culture.

1 femme et 1 homme ont l'image nécessaire :

— Georgina Dufoix (*cf.* note jointe de Mary Sills)

— Michel Rocard.

Personnellement j'y verrais assez bien Michel Rocard.

• Industrie

Sauf s'il devient Premier ministre, il faut laisser Laurent Fabius développer son action en lui donnant des moyens supplémentaires et plus d'autonomie par rapport au ministre de l'Économie.

• Intérieur

Il est impératif de rétablir un climat de sécurité dans le pays, l'ordre et la discipline dans la Police. D'où le choix d'un socialiste intransigeant, froid et politiquement sûr comme Paul Quilès ou Louis Mermaz (et pourquoi pas André Rousselet ?).

• Justice

Évidemment... Robert Badinter.

2. Les autres

— Un impératif : « Beaucoup de têtes nouvelles. »

— Mais comme il faut aussi des hommes expérimentés, vous pouvez promouvoir aux postes importants de bons secrétaires d'État dont vous avez apprécié la compétence tels que Georgina Dufoix, Georges Lemoine, Edmond Hervé.

— Des personnes pas forcément de gauche et pas forcément parlementaires, ayant une forte compétence, seraient appréciées par la fraction de l'opinion du centre et de droite qui ne vous est pas hostile par principe : on peut penser à :

• Marcel Boiteux
• Bernard Vernier-Palliez
• François Dalle
• Gilbert Trigano.

III. ANNONCE

La confiance du pays sera fondée sur les actions que le nouveau gouvernement entreprendra lors des 3 premiers mois. Elle vous sera d'autant plus acquise que vous utiliserez l'annonce de ce nouveau gouvernement pour confirmer clairement, efficacement votre vision personnelle.

Aussitôt après, vous devez prendre du recul :

— le nouveau Premier ministre assumant alors toutes les présences sur le terrain dans leurs diversités ;

— chacun des ministres étant invité à « décliner » ceux de vos thèmes qui sont de leur ressort.

IV. ACTIONS DE COMMUNICATION

1. Massive : sur les thèmes centraux mis en évidence par Jacques Pilhan.

Dans l'imaginaire des Français, la France est devenue une entreprise dont le président est le chef.

Pour diriger l'entreprise France, les qualités action-énergie sont plébiscitées. Les qualités compétence-savoir-faire sont majeures. Les Français attendent donc du chef de l'État qu'il dise « ce qu'il y a à faire », qu'il apparaisse comme un homme d'action, énergique et compétent.

La position exceptionnelle du président, qui a conservé un potentiel intact et sur qui se portent de très fortes attentes, lui permet — et lui seul — de mettre en œuvre la synthèse souhaitée pour assurer la bonne marche de l'économie dans sa version dynamique (adaptation, modernisation, formation) et juste (protéger les individus des conséquences négatives de cette modernisation).

Au niveau du gouvernement, le porte-parole du gouvernement rattaché au Premier ministre continuerait de remplir le rôle attendu de l'explication permanente et au jour le jour de l'action gouvernementale. Sa tâche se trouverait plus simple et plus efficace s'il était doté du SID et de ce qui resterait du ministère de la Communication (on se rapprocherait ainsi de la structure de communication de Ronald Reagan).

2. Rôle particulier de quelques ministres.

Il semble opportun que chacun des grands ministres assume délibérément une mission d'accrochage des attentes et des sympathies d'une fraction bien définie de la population française.

a) Ainsi, la personne en charge du grand ministère de la Jeunesse : Éducation nationale, Formation professionnelle, Sports et loisirs (dont je préconise la création) devra avoir une personnalité permettant aux jeunes quelles que soient leurs idées politiques de se reconnaître en elle. (Exemple : Michel Rocard.) Si elle accomplit correctement sa mission, en 1986 cette personne sera le médiateur par lequel transiteront les voix des jeunes électeurs.

b) Autre exemple : à une femme — ministre de votre nouveau gouvernement — se verra dévolue la mission (et cela quel que soit son poste ministériel) d'attirer à elle les voix des femmes. Cela pourrait être Georgina Dufoix, l'accent étant alors mis sur la famille, les affaires sociales, la promotion professionnelle des femmes (voir note jointe sur le jugement de « proximité » des Français sur Georgina Dufoix et Simone Veil).

c) Autre exemple enfin : pour rallier les cadres et les chefs d'entreprise à l'effort de rénovation nationale, il ne suffit pas d'une bonne politique. Encore faut-il confier à l'un de vos ministres le soin d'incarner ces catégories centrales et décisives bien que numériquement peu nombreuses. Laurent Fabius, Jacques Delors seraient en situation.

Charles SALZMANN.

ANNEXE DU CHAPITRE 4

Lettre à Bertrand du 16/2/1982

Cher Bertrand,

Les événements de Pologne et la signature récente du contrat du « gaz russe » déclenchent chez toi des appréhensions et tu m'as interrogé sur ce qu'il convenait de faire, selon moi, pour éviter de tomber sous la coupe soviétique (militaire et/ou politique). Je m'efforcerai de répondre en situant ta question dans le contexte plus large des rapports entre la France et l'URSS.

Deux remarques sont nécessaires, en préambule. La première va de soi, la seconde est plus subtile mais tout aussi importante.

1. La France n'est pas seule face à l'URSS.

Si elle doit l'être un jour, notre capacité de dissuasion nucléaire sera le dernier rempart.

Mais on n'en est pas là, et la stratégie de survie de la France ne peut se réduire à la construction — nécessaire mais non suffisante — d'une force de frappe nucléaire.

2. Les dirigeants soviétiques ont une vision du monde radicalement autre que la nôtre.

Par vision du monde, j'entends à la fois leur perception de la réalité, leur connaissance déformée de qui nous sommes, leur système de valeur et leur façon de raisonner, le double langage érigé en comportement.

Si l'on n'apprécie pas convenablement cette différence fondamentale et si l'on n'est pas apte à une gymnastique intellectuelle qui permette de réfléchir — avec leur « équipement mental » à eux — alors mieux vaut ne rien supputer et agir de façon « primaire », comme le faisait Foster Dulles.

Il est cependant possible de tenter cette « mise à la place de l'autre » à qui a une certaine connaissance de l'histoire russe, des événements politiques depuis 1917, des grandes purges, de Munich, de la Deuxième Guerre mondiale, de la lutte de pouvoir après la mort de Staline, de l'époque Khrouchtchev, de l'ère Brejnev, du rôle pivot de Souslov, de la place ambiguë de l'armée, de la question des nationalités, de la peur du « Jaune », du mode de vie de la nomenklatura, de la fascination et de la méfiance exercée par les États-Unis, du désir fondamental d'ordre et de sécurité de la classe sociale dominante.

I. DESCRIPTION DE LA SITUATION MILITAIRE DE L'URSS

1. Entre l'URSS et les États-Unis, on est toujours dans le cadre de l'« équilibre de la terreur ».

À savoir :

— Il s'écoule 20 à 25 minutes pour que les forces nucléaires stratégiques frappent les forces de riposte de l'adversaire, à partir du moment où elles ont été déclenchées (et donc, peu après, détectées).

— Cet intervalle de temps relativement long, joint à la dispersion des forces de riposte et à leur protection, assure à chaque adversaire une forte probabilité d'infliger en rétorsion (deuxième frappe) des dommages inacceptables pour l'agresseur : 100 millions de morts et la ruine quasi complète du pays agresseur.

2. En Europe, il y a menace à terme (2 à 4 ans ?) d'un déséquilibre des forces.

— Les armes conventionnelles du pacte de Varsovie surclassent celles du pacte Atlantique.

— Les SS20 seraient capables de « désarmer » les forces atlantiques du théâtre européen — à coût de vie humaine relativement faible.

3. L'installation de Pershing rétablirait l'équilibre, mais il se créerait alors, entre l'URSS et les États-Unis, un déséquilibre partiel mais grave, de la terreur.

— Les centres vitaux de l'URSS seraient à portée de 5 minutes d'une agression américaine alors que les centres vitaux des États-Unis resteraient encore à 20 minutes de l'URSS.

4. Pour les dirigeants soviétiques, l'Occident impérialiste n'a pas changé.

Ils se souviennent :
— Des tentations d'annihiler la révolution russe (débarquement anglais à Mourmansk, aide à Kolchak, sécession du Caucase et de l'Extrême-Orient sibérien, campagne Weygand en Pologne, etc.).
— De Munich avec l'essai — par l'Occident — de détourner l'agresseur hitlérien vers l'URSS.
— Du délai — lors de la Deuxième Guerre mondiale — dans la création du second front avec le désir de voir l'URSS saignée à blanc.

5. Dès lors, les Russes auront le choix entre deux attitudes :

— Une négociation de limitation des armements nucléaires sur le théâtre européen (avec, avant tout, le souci d'un équilibre URSS/États-Unis).
— Une forte pression politique et, peut-être même, militaire, de façon à interdire le territoire européen aux implantations des Pershing et Cruse. Exemple :
Mouvements « neutralistes » en Europe manipulés en sous-main par l'URSS,
Offre d'une réunification et d'une neutralisation allemande.

6. Il est évident que la France :

— a intérêt à ces négociations,
— doit combattre les tentatives neutralistes en Europe et arrimer solidement l'Allemagne de l'Ouest,
— doit dissuader l'URSS de toute tentative militaire au-delà du périmètre atteint à la fin de la Deuxième Guerre mondiale ;
À ce titre, il y a une différence d'essence entre :

— L'occupation militaire de l'Afghanistan, inacceptable car *extérieure* à ce périmètre.

Seule la fermeté sur ce point peut éviter la tentation des Russes de sortir du dilemme précédent par une aventure militaire limitée en Europe.

— La normalisation, par l'armée polonaise, de ferments de désagrégation du bloc soviétique en Pologne — qui, bien que moralement et politiquement condamnable (voir plus loin), supprime aux yeux des Russes une menace grave intérieure à ce périmètre.

II. DESCRIPTION DE LA SITUATION ÉCONOMIQUE DE L'URSS

1. Je ne décrirai pas ici l'état lamentable de l'économie russe : basse qualité des produits, pénurie alimentaire chronique, « tire au flanc » de la main-d'œuvre, incohérence de la gestion, quasi-faillite générale (à l'exception, toutefois, du secteur réservé prioritaire « armement, espace, nucléaire »).

2. La seule question qui nous est posée est :

— doit-on, en limitant au maximum les échanges avec l'URSS, accentuer ce phénomène avec l'espoir d'accroître les difficultés soviétiques jusqu'à espérer un collapsus économique ;

— ou, au contraire, faciliter par une aide — sélective et non dangereuse — la survie économique de l'URSS, de façon à éviter une tentation de fuite (militaire) en avant ?

3. Je ne trancherai pas : les arguments sont forts pour les deux thèses. Je me contenterai de situer le problème dans l'optique russe :

L'immobilisme et le conservatisme des dirigeants soviétiques actuels ne sont pas forcément définitifs.

Khrouchtchev a échoué dans sa tentative de donner priorité au redressement économique de l'URSS (mais cet échec a eu d'autres raisons qu'économiques). On peut concevoir que les successeurs à venir auront à cœur de se rendre populaires en améliorant le niveau de vie des Russes. D'autant que l'envie de biens matériels est puissante dans l'intelligentsia soviétique, avec une fascination corrélative pour l'Amérique.

4. En ce qui concerne l'Europe et la France, les échanges commerciaux avec l'URSS et les pays de l'Est tempèrent notre propre crise économique et, du même coup, constituent un renforcement de nos régimes démocratiques et de libertés. Personne ne peut dire dans quelles aventures politiques nous serions entraînés si nous continuions à avoir tant de chômeurs et une réduction généralisée et large de notre niveau de vie.

III. DESCRIPTION DE LA SITUATION POLITIQUE DE L'URSS

1. Pour les dirigeants soviétiques, les grandes lignes politiques — intérieures et extérieures — sont « justes, historiquement fondées et intangibles ».

La réalité n'est perçue que par ce crible. La « politique du phantasme » qui en résulte entre fréquemment en collision avec la réalité dès qu'« ils » essayent de « faire quelque chose ». D'où :

— l'échec répété de tous les « plans de redressement » et

— la propension à ne plus rien tenter de neuf de peur de le voir échouer aussi.

Pour éviter que cela se sache, il n'est pas permis d'en parler : ainsi les rapports sur l'Occident qui atteignent finalement les dirigeants soviétiques sont de véritables délires.

2. Les ferments de désagrégation ne sont cependant pas éliminés car ils sont structurellement irradicables :

— Dans la « société civile », presque plus personne ne croit à la supériorité du régime communiste sur le régime des États-Unis ou de l'Europe de l'Ouest.

— Le double langage, érigé en forme de comportement, vicie tout.

— La surveillance policière permanente crée automatiquement toute une série d'effets pervers.

— Sentiments nationalistes des minorités ethniques.

— Les sentiments religieux (ou spirituels), (clergé polonais, christianisme populaire russe, islamisme en Asie centrale, etc.).

— Désir de mieux vivre de l'intelligentsia avec redécouverte des droits de l'homme.

Pour conclure, mon cher Bertrand, sur une note optimiste, je te confirme mon sentiment profond : nous ne sommes pas en 1938.

Certes, la menace militaire soviétique est lourde de dangers, surtout s'il y a danger d'un collapsus économique en URSS car le plus grand danger me semble venir de l'échec même de l'URSS.

Plus grave encore le danger, si nos sociétés libres s'enfoncent dans le neutralisme ou encore dans une crise morale profonde, si nous devenions oublieux des vertus de la démocratie et si nous poussions les libertés vers une licence ou un égoïsme suicidaires, ou si nous laissions, sans les combattre suffisamment, les mécontentements se développer et alimenter la force des PC locaux.

Mais la structure va évoluer : tous les dirigeants actuels de l'URSS vont disparaître, avec les générations qui ont connu les 20 millions de morts de la Deuxième Guerre mondiale, et le stalinisme. Les nouveaux abandonneront peut-être leur suspicion à notre égard et pourraient être désireux d'un changement profond.

Ce changement, s'il se produit, prendra plutôt vingt ans que cinq ans. D'ici là, il faut vivre... et, quant à nous, réussir notre propre changement amorcé le 10 mai qui, seul, peut redonner cohésion et vigueur à notre pays.

Affectueusement,
Charles

ANNEXE DU CHAPITRE 5

Circulaire du 17 juillet 1981 relative à l'application de l'article 32 de la loi nº 77-574 du 7 juin 1977.

Paris, le 17 juillet 1981.

Le Premier ministre
à
Mesdames et Messieurs les ministres et secrétaires d'État.

L'article 32 de la loi nº 77-574 du 7 juin 1977 punit, en ses paragraphes I et II de peines correctionnelles toute personne, et notamment tout dépositaire de l'autorité publique ou citoyen chargé d'un ministère de service public qui, par action ou omission, aura contribué à rendre plus difficile l'exercice d'une quelconque activité économique dans des conditions normales par toute personne physique, à raison de son origine nationale, de son appartenance, vraie ou supposée, à une ethnie, une race ou une religion déterminée. Les mêmes peines s'appliquent à ceux qui entravent l'activité d'une personne morale pour des motifs analogues tenant à ses membres, à ses dirigeants ou à certains d'entre eux.

Le paragraphe III de ce même article 32 dispose que les paragraphes I et II ne sont pas applicables lorsque les faits qu'ils visent sont conformes à des directives du Gouvernement prises dans le cadre de sa politique économique et commerciale ou en application de ses engagements internationaux.

Les modalités d'application de ces dispositions ayant fait naître de graves et légitimes préoccupations, le Gouvernement, soucieux de marquer sans équivoque le caractère intolérable des pratiques racistes dans notre société, a décidé de renoncer à faire usage, pour des motifs économiques et commerciaux, de la faculté qui lui est ouverte par le paragraphe III susvisé. En conséquence, la directive du Premier ministre en date du 9 mai 1980 est abrogée.

Le Gouvernement conserve toutefois la faculté qui lui est offerte par le paragraphe III susvisé pour les applications, cas par cas, de ses engagements internationaux.

Pour l'application des paragraphes I et II de l'article 32 de la loi n° 77-574 du 7 juin 1977, vous voudrez bien considérer que leurs dispositions tendent, tout comme celles de la loi n° 72-546 du 1er juillet 1972 relative à la lutte contre le racisme, à sanctionner sur le plan pénal la violation de la convention de New York du 7 mars 1966 sur l'élimination de toutes les formes de discrimination raciale, convention à laquelle la France a adhéré le 28 juillet 1971.

Dès lors, l'application de l'article 32 de la loi n° 77-574 du 7 juin 1977 doit mettre la position de notre pays en complète harmonie avec celle de la Communauté européenne, telle notamment qu'elle a été fixée par les accords internationaux conclus par elle avec sept pays d'Afrique du Nord et du Proche-Orient, accords qui énoncent le principe fondamental selon lequel le régime des échanges entre ceux-ci et les pays, entreprises et ressortissants de la Communauté ne doit comporter aucune discrimination, quelle qu'en soit la raison.

Pierre MAUROY

ANNEXE DU CHAPITRE 6

Message du Président au Parlement du 16/1/1991

Mesdames, Messieurs,

La France a adopté depuis le 2 août 1990 l'ensemble des résolutions du Conseil de Sécurité condamnant l'invasion et l'annexion du Koweït par l'Irak. Elle s'est associée aux démarches entreprises pour que ce dernier se retirât du territoire qu'il occupe en violation de la Charte des Nations-Unies. Elle a pris part à l'embargo et envoyé près de 12 000 hommes en Arabie Saoudite et dans la région. Mais, au terme du délai fixé, il nous faut constater, ce matin, 16 janvier, qu'aucune réponse conforme à l'attente des peuples attachés à la défense de la paix, dans le respect du droit, n'a été donnée par les dirigeants irakiens. L'heure est donc venue pour nous, comme pour tout pays responsable et garant des règles sur lesquelles reposent l'équilibre et la sécurité de la communauté internationale, d'appliquer les principes dont nous nous réclamons. Je le dis avec regret, mais détermination : le recours à la force armée pour contraindre l'Irak à évacuer le Koweït est désormais légitime. C'est pourquoi j'ordonnerai l'emploi des moyens militaires que commande la participation de notre pays à la mise en œuvre des résolutions des Nations-Unies. Après avoir entendu le Gouvernement, vous aurez à vous prononcer sur ce point, selon la procédure de l'article 49, alinéa 1, de la Constitution.

Au cours de ces derniers mois, je me suis adressé plusieurs fois aux Français pour les tenir au courant de l'évolution de la situation au Moyen-Orient et des décisions arrêtées en conséquence, au fur et à mesure de leur nécessité. M. le Premier Ministre, de son côté, par des rencontres organisées avec les représentants des deux Assemblées vous en a régulièrement informés.

J'affirme hautement que la France n'a rien négligé, et ceci jusqu'au bout, pour parvenir au règlement pacifique de la crise. Elle a multiplié les initiatives en ce sens. Elle ne poursuit pas d'autres objectifs que ceux définis, avec précision, par le Conseil de Sécurité et, d'abord, la libération du Koweït. Ce faisant, elle assume le rang, le rôle et les devoirs qui sont les siens et se déclare solidaire du camp du droit contre la politique de l'agression et du fait accompli.

Au moment où, pour la première fois dans l'histoire des nations, s'offre la possibilité de construire un ordre mondial fondé sur la loi commune du droit des peuples à disposer d'eux-mêmes, il paraîtrait inconcevable qu'elle s'abstînt d'apporter son aide et son concours.

Le peuple français, qui en connaît le prix, hait la guerre. Mais il n'y a en lui aucune faiblesse pour ceux que Jean Jaurès appelait les « Fauteurs de conflits ». La France n'est pas l'ennemie de l'Irak. Malheureusement, pas un signe, pas un mot de Bagdad n'ont permis d'espérer que l'on s'y soumettrait aux exigences du droit. Certes, la communauté internationale n'a pas toujours su ou voulu respecter ses propres principes, en particulier dans cette région du monde. Je suis de ceux qui le déplorent tout en refusant d'y trouver un alibi à l'inaction. Quoi qu'il en soit, la France continuera de lutter pour que les mêmes principes prévalent partout et non au gré des circonstances.

Mesdames, Messieurs,

Je ne doute pas que le Parlement de la République saura exprimer l'unité profonde de la Nation dans cette épreuve.

A nos soldats, ainsi qu'à leurs famille qui vont en supporter l'essentiel de la charge, j'adresse, au nom de la France, le témoignage de notre confiance et de notre affection.

Vive la République !

Vive la France !

ANNEXE DU CHAPITRE 7

Note du 24 juin 1987 sur l'analyse de la popularité de François Mitterrand

OBJET : ANALYSE DE LA POPULARITÉ DE FRANÇOIS MITTERRAND

INTRODUCTION

Nous nous sommes attachés à répondre aux questions suivantes :

— Quels sont les ingrédients de la forte popularité actuelle de François Mitterrand ?

— Une candidature éventuelle de François Mitterrand à l'élection présidentielle modifierait-elle cette popularité ?

— Quelles sont les caractéristiques de l'électorat potentiel de François Mitterrand ?

— Quelles sont les perspectives favorables et les vulnérabilités de François Mitterrand dans une élection présidentielle ?

MÉTHODE

Pour répondre à ces questions, nous avons fait réaliser par BVA, au début de juin, un sondage sur 1 842 personnes de façon à :

1. Distinguer différentes catégories de la population et notamment celles :

• qui ont l'intention de voter sûrement pour François Mitterrand (au premier comme au deuxième tour),

• qui envisagent comme possible ce vote (premier et deuxième tour).

2. Évaluer, pour chacune de ces catégories, l'importance :

• des ingrédients de la popularité.

À partir des études « qualitatives » de BVA sur l'image de François Mitterrand, nous avons retenu 21 composantes principales de la popularité telle que :

— « il modère les choix du gouvernement »,

— « il est le Président de tous les Français ».

etc.

(Voir liste complète en annexe I.)

• des reproches faits à François Mitterrand :

De la même façon, nous avons testé l'importance relative de 9 reproches entendus le plus souvent tels que :

— « il est trop âgé »,

— « il est trop proche du Parti socialiste »

etc.

(Voir liste complète en annexe II.)

• des compétences reconnues à François Mitterrand comparées à celles de Jacques Chirac et de Raymond Barre.

(Voir la liste des 14 compétences en annexe III.)

3. Recueillir les pronostics et surtout les souhaits concernant :

• une candidature éventuelle de François Mitterrand,

• un succès de François Mitterrand à l'élection présidentielle.

4. Croiser les réponses entre les pronostics et ces souhaits d'une part et, d'autre part, les ingrédients (positifs et négatifs) de la popularité de François Mitterrand ainsi que les traits de compétence reconnus aux condidats.

II. ÉLECTORAT POTENTIEL DE FRANÇOIS MITTERRAND

Un des enseignements les plus intéressants obtenus dans ce sondage concerne l'électorat potentiel de François Mitterrand qui est la somme de l'électorat « sûr » et de l'électorat « possible ».

• Premier tour

Au premier tour, 26 % des suffrages exprimés se porteraient sûrement sur François Mitterrand et 34 % déclarent que ce vote est possible, ce qui fait un électorat potentiel de 60 %.

	VOTE POUR FRANÇOIS MITTERRAND		
	SÛR	POSSIBLE	POTENTIEL
EXPRIMÉS	26 %	34 %	60 %

• Deuxième tour !

On a retrouvé ce même potentiel de 60 %, avec un électorat « sûr » qui augmente de 10 %, que cela soit dans un duel avec Jacques Chirac ou Raymond Barre.

a) Contre Jacques Chirac

	VOTE POUR FRANÇOIS MITTERRAND		
	SÛR	POSSIBLE	POTENTIEL
EXPRIMÉS	37 %	23 %	60 %

b) Contre Raymond Barre

Les chiffres correspondants sont :

	VOTE POUR FRANÇOIS MITTERRAND		
	SÛR	POSSIBLE	POTENTIEL
EXPRIMÉS	35 %	23 %	58 %

Nota : Notons qu'une fraction de 5 % de l'électorat « sûr » de Raymond Barre (du premier tour) ainsi qu'une fraction de 21 % de l'électorat « possible » de Raymond Barre déclarent voter sûrement pour François Mitterrand au deuxième tour dans ce cas d'un duel avec Jacques Chirac

VOTE POUR FRANÇOIS MITTERRAND AU DEUXIÈME TOUR		
	SÛR	POSSIBLE
VOTE « SÛR » R. BARRE 1er TOUR	5 %	22 %
VOTE « POSSIBLE » R. BARRE 1er TOUR	21 %	25 %

Dans le cas d'un duel avec Raymond Barre, le transfert sur François Mitterrand se fait plus mal et ne concerne vraiment que la catégorie « possible ».

VOTE POUR FRANÇOIS MITTERRAND AU DEUXIÈME TOUR		
	SÛR	POSSIBLE
VOTE « SÛR » J. CHIRAC 1er TOUR	3 %	9 %
VOTE « POSSIBLE J. CHIRAC 1er TOUR	12 %	30 %

À noter aussi que l'électorat communiste se reporte fortement sur François Mitterrand et que l'électorat de Jean-Marie Le Pen au premier tour comporte (dans les deux cas de figure) un certain potentiel pour le deuxième tour en faveur de François Mitterrand.

VOTE POUR FRANÇOIS MITTERRAND AU DEUXIÈME TOUR			
	SÛR	POSSIBLE	POTENTIEL
VOTE J.-M. LE PEN 1er TOUR	19 %	17 %	36 %

Le fort potentiel électoral de François Mitterrand provient d'une proportion élevée d'électeurs « possibles » « mixtes », ce qui témoigne d'un réel flottement de l'opinion par rapport aux ancrages politiques traditionnels.

Dans ce qui suit, nous allons examiner en détail les réponses de cet électorat « possible » aux questions touchant aux :

— ingrédients de la popularité de F. Mitterrand,
— reproche faits,
— compétences comparées des candidats,
— pronostics et souhaits de candidature et de succès de François Mitterrand.

III. INGRÉDIENTS DE POPULARITÉ

L'analyse du positif et du négatif a été faite au travers d'une série de 21 raisons susceptibles d'expliquer le regain de popularité du Président (Cf. annexe I).

Ces raisons relevaient de différentes catégories conceptuelles.

Voici, dans l'ordre décroissant, l'importance accordée à chacune de ces catégories :

— les qualités de l'homme,
— le représentant de la France à l'étranger,

— le rassembleur,
— le garant des institutions,
— le modérateur, le contrepoids,
— le socialiste,
— le Président en fin de mandat.

On note que les éléments proprement politiques occupent une part modeste. Au travers de la situation inédite de la cohabitation, c'est vers le modèle d'un président arbitre, garant de l'intérêt national à l'extérieur et de l'unité des Français à l'intérieur que se tournent les Français.

Quant aux critiques (Cf. annexe II), leur impact global est faible par rapport à celui des qualités. Celles qui rencontrent le plus fort assentiment concernent :
— l'âge du Président,
— sa proximité, trop grande, avec le Parti socialiste.

DANS L'ÉLECTORAT « POSSIBLE » DE FRANÇOIS MITTERRAND AU PREMIER TOUR			
	OUI	NON	NSP
— Apprécient la personnalité de F. Mitterrand	78 %	13 %	9 %
— Apprécient la personnalité de R. Barre	47	42	11
— Apprécient la personnalité de J. Chirac	42	50	8
— Apprécient les idées de F. Mitterrand	60	22	18
— Apprécient des idées de R. Barre	34	49	17
— Apprécient les idées de J. Chirac	29	53	

Or, ni la personnalité ni les idées de François Mitterrand ne seraient modifiées par l'acte de candidature.

Nota : Il est intéressant de noter que, dans l'électorat de Jacques Chirac, 23 % n'apprécient pas la personnalité de Raymond Barre.

Dans l'électorat de Jean-Marie Le Pen, 42 % n'apprécient pas la personnalité de Raymond Barre.

Dans l'électorat « possible » de Raymond Barre, 50 % apprécient la personnalité de François Mitterrand.

IV. LA SITUATION CONCURRENTIELLE

Elle a été appréciée face aux deux principaux adversaires potentiels, Raymond Barre et Jacques Chirac, et au travers de l'aptitude de chacun à atteindre 14 objectifs se situant au niveau des responsabilités d'un Président.

(Compétences. Voir annexe III.)

• On peut résumer les résultats comme suit :

— Les domaines d'élections de François Mitterrand (il recueille à lui seul sur ces objectifs plus que la somme de ses deux concurrents) sont :

— la justice sociale,
— la protection des libertés
— la proximité des préoccupations des Français,
— le respect des institutions.

— Les domaines où François Mitterrand a un avantage relatif face à chacun de ses deux adversaires pris individuellement sont :

— la représentation de la France à l'étranger,
— l'expérience des situations difficiles,
— le températeur, qui atténue les oscillations du balancier politique,
— le rassembleur des Français,
— le responsable de la Défense nationale,
— la priorité accordée à l'intérêt national.

— Les domaines où François Mitterrand est en situation d'infériorité sont :

— l'indépendance vis-à-vis des partis — le développement de l'économie	appréciés comme domaines d'élection de Raymond Barre
— le dynamisme à insuffler au pays — la réduction du chômage où personne ne bénéficie d'une grande crédibilité	points forts de Jacques Chirac

On note que les points forts de François Mitterrand s'ordonnent ici autour de deux pôles :

— un pôle institutionnel avec la défense des libertés et le respect de la Constitution.

— un pôle humain avec l'accessibilité aux préoccupations des citoyens et la justice sociale.

À l'inverse, la compétence économique constitue un terrain dangereux tandis que l'autonomie à l'égard du Parti socialiste peut constituer une zone de vulnérabilité.

1. Ici, encore, la population vote « sûr » et vote « possible » se ressemblent beaucoup.

Et notamment sur ces 5 des 14 objectifs, (30 points d'écart ou moins) :

— défendre la justice sociale,
— bien représenter la France à l'étranger,
— gérer les situations difficiles,
— diminuer le chômage,
— ne pas être prisonnier des partis.

2. La population vote « sûr » et vote « possible » se ressemblent beaucoup.

2.1. Elles classent en tête les mêmes ingrédients positifs et quasiment dans le même ordre.

	RANG DU CLASSEMENT DANS LES ÉLECTORATS	
RAISONS POSITIVES	SÛR	POSSIBLE
C'est un homme cultivé	1	1
Il est capable de discuter à égalité avec les grands comme R. Reagan et M. Gorbatchev	2	2
Il est habile	3	3
Il veille au respect des libertés	4	4
Il a l'expérience nécessaire	5	6

2.2. Elles classent en fin de liste les mêmes 5 ingrédients les moins importants à leurs yeux, dont les deux derniers :

— « il est populaire parce qu'il ne gouverne plus »,
— « on l'aime bien parce qu'il arrive à la fin de son mandat », sont au contraire classés respectivement 6e et 10e par ceux qui déclarent exclure le vote Mitterrand.

IV. VULNÉRABILITÉ DE LA POPULARITÉ À UN ACTE DE CANDIDATURE

Elle semble faible. En effet :

1. La candidature du Président est souhaitée par 54 % de ceux qui expriment une opinion et par 72 % des électeurs « possibles ».

Sa candidature est prévue par 70 % de ceux qui ont une opinion et par 75 % des électeurs « possibles ».

Tout se passe comme si l'opinion accréditait progressivement cette hypothèse, bien que François Mitterrand ait fait savoir qu'il ne pourrait se prononcer que fort tard, ce qui ne choque d'ailleurs pas les Français.

2. L'opinion de l'électorat « possible » (de François Mitterrand) révèle une « appréciation de la personnalité et des idées » de François Mitterrand bien supérieure à celle des autres candidats.

Alors que la population vote « possible » est éloignée du vote « exclu » sur les 4 objectifs (40 points d'écart ou plus) :

— défendre la justice sociale,
— être proche des gens comme nous,
— protéger les libertés,
— bien représenter la France à l'étranger.

VI. L'EFFET D'UNE RÉDUCTION À CINQ ANS DE LA DURÉE DU MANDAT PRÉSIDENTIEL

Une réduction éventuelle de la durée du mandat, si elle n'influence le vote que d'une minorité (22 % des personnes interrogées), peut néanmoins jouer un rôle important dans l'élection. En effet :

Nous avons analysé les réponses de l'électorat « possible » de François Mitterrand.

On constate que si 57 % seulement des électeurs « possibles » disent souhaiter la réélection de François Mitterrand, *ce pourcentage monte à 80 % chez ceux qui se disent incités plus à voter pour François Mitterrand si le mandat est réduit à 5 ans.*

VII. DESCRIPTIF DE L'ÉLECTORAT POSSIBLE DE FRANÇOIS MITTERRAND

1. Il s'agit d'électeurs déclarant qu'ils peuvent voter François Mitterrand, mais non acquis, pour lesquels nous allons regrouper les enseignements du sondage les concernant, en renvoyant pour les chiffres détaillés aux annexes (I à VI).

2. Le volume des duplications entre « possibles » des

principaux candidats est élevé, accru nous semble-t-il du fait d'un certain désarroi des Français, devenus sceptiques à l'égard des choix économiques à dominante idéologique.

La toile de fond de la campagne présidentielle semble devoir être :

— priorité aux problèmes intérieurs,
— recherche d'une cohésion institutionnelle,
— désir de préserver l'essentiel en matière de protection sociale.

Ce contexte favorisera auprès de l'électorat « possible » les considérations de personnes par rapport aux inclinaisons partisanes.

3. Rappelons que ces électeurs « possibles » représentent pour François Mitterrand 3 Français sur 10 au premier tour, 2 Français sur 10 au second tour, que ce soit face à Raymond Barre ou face à Jacques Chirac.

Comment perçoivent-ils aujourd'hui le président de la République et les raisons de sa popularité ?

On note d'abord qu'ils sont globalement plus réceptifs aux qualités de François Mitterrand ou à ses atouts, qu'aux reproches qu'on peut lui adresser ; l'écart est même, chez eux, sensiblement supérieur à ce qu'il est dans l'ensemble de l'électorat (annexes I, II et IV).

La hiérarchie qu'ils établissent au sein des points forts est calquée sur celle mise en évidence précédemment :

— le représentant de la France à l'étranger,
— les qualités de l'homme,
— le rassembleur,
— le garant des institutions,

sont les principaux atouts dont François Mitterrand dispose aux yeux de cet électorat potentiel ; ils sont moins sensibles aux autres dimensions : le contrepoids politique, le socialiste.

Si l'on pousse l'examen et que l'on recherche sur quels points cet électorat potentiel se rapproche le plus de l'électorat déjà acquis à François Mitterrand et se différencie le plus des électeurs hostiles, on met en évidence trois atouts particulièrement discriminants (Cf. annexe III). Ce sont :

— *l'aptitude à traiter d'égal à égal avec les grands de ce monde,*
— *le respect des libertés,*
— *l'homme d'expérience.*

Inversement, ces électeurs potentiels sont relativement

peu réceptifs aux arguments que constituent l'aptitude à résister aux puissances d'argent, la vocation à protéger les défavorisés ou la capacité d'éviter les excès de droite comme de gauche.

L'électorat potentiel est, dans l'ensemble, peu réceptif aux critiques qu'on peut adresser à François Mitterrand. Celle qui a l'impact le plus élevé est celle qui dit « qu'il a fait son temps ».

4. On rappellera ici que 3 sur 10 de ces électeurs potentiels estiment qu'ils seraient davantage incités à voter pour François Mitterrand en cas de réduction du mandat présidentiel de 7 à 5 ans et que le pourcentage, parmi eux, de ceux qui disent souhaiter la victoire de François Mitterrand passe de 57 % à 80 % si le mandat est réduit à 5 ans.

5. Au plan des avantages concurrentiels, par rapport à Raymond Barre et Jacques Chirac, 3 domaines se détachent nettement chez les électeurs potentiels (Cf. annexe III) :

— assurer la justice sociale,
— protéger les libertés,
— très proche des gens comme nous.

Dans chacun de ces domaines, dont la réunion constitue un faisceau considérable, joignant le social, l'institutionnel et la capacité d'écoute, François Mitterrand rassemble au moins 50 % des choix de son électorat potentiel, c'est dire qu'il jouit d'un gros avantage comparatif.

6. Cette situation privilégiée est-elle vulnérable à la « descente du piédestal » que peut constituer la déclaration de candidature à la campagne présidentielle ?

Cette vulnérabilité est faible :

— 72 % de l'électorat « possible » souhaite une candidature de François Mitterrand.

— Cet électorat révèle une appréciation de la personnalité et des idées de François Mitterrand bien supérieure à celle des autres candidats.

Or, ni la personnalité ni les idées de François Mitterrand ne seraient modifiées par l'acte de candidature.

— les ingrédients proprement politiques occupent une part modeste dans la popularité de François Mitterrand au sein de l'électorat possible qui semble se tourner vers un modèle de Président arbitre, garant de l'intérêt national à l'extérieur et de l'unité des Français à 'intérieur.

— les points forts de François Mitterrand s'ordonnent autour de deux pôles :

• un pôle institutionnel avec la défense des libertés et le respect de la Constitution.

• un pôle humain avec l'accessibilité aux préoccupations des citoyens et la justice sociale.

Une campagne présidentielle, si elle est articulée sur ces thèmes, tendrait plutôt à accroître l'adhésion à François Mitterrand.

7. Les points faibles d'une candidature de François Mitterrand au sein de cet électorat « possible » sont :

— la compétence économique et l'indépendance vis-à-vis des partis (autonomie à l'égard du PS) face à Raymond Barre.

— le dynamisme à insuffler au pays, qui est considéré comme le point fort de Jacques Chirac.

BIBLIOGRAPHIE

Alia Josette et Clerc Christine, *La Guerre de Mitterrand*, Olivier Orban, Paris, 1991.

Attali Jacques, *Verbatim*, Fayard, Paris, 1993-1995.

Badinter Robert, « Partons gagnants », *Le Nouvel Observateur*, Paris, 30 août 1980.

Bauchard Philippe, *La Guerre des deux roses*, Grasset, Paris, 1986.

Brincourt André, « La Cour », *Le Canard enchaîné*, Paris.

Boukovsky Vladimir, *Jugement à Moscou*, Laffont, Paris, 1995.

Dobrynine Anatoly, *In confidence*, Randomhouse, 1995.

Fabius Laurent, *Les Blessures de la vérité*, Flammarion, Paris, 1995.

Favrier Pierre et Martin-Rolland Michel, *La Décennie Mitterrand*, Le Seuil, Paris, 1990.

Giesbert Franz-Olivier, *François Mitterrand ou la Tentation de l'Histoire*, Le Seuil, Paris, 1990.

July Serge, *Les Années Mitterrand*, Grasset, Paris, 1986.
Le Salon des Artistes, Grasset, Paris, 1989.

Manceron Claude, *Cent mille voix par jour*, Robert Laffont, Paris, 1966.

Mitterrand François, *L'Abeille et l'Architecte*, Flammarion, Paris, 1978.

Servan-Schreiber Jean-Jacques, *Le Défi américain*, Denoël, Paris, 1967.

Table des matières

Préambule 9

1. Mitterrand, la Russie et le communisme avant la campagne présidentielle de 1981 13

— Enfance en France 16
— La rencontre avec François Mitterrand 22
— François Mitterrand et les communistes 26
— Le voyage en URSS du 14 au 21 avril 1975 29
— Les entretiens 32
— Moscou : le tête-à-tête Brejnev-Mitterrand . 34
— Oulianovsk, ville natale de Lénine 39
— Tachkent 42

2. La prise du pouvoir 45

— Valéry Giscard d'Estaing 47
— Les incertitudes de l'union de la gauche ... 48
— La décision de se présenter 55
— La candidature de Michel Rocard 59
— Tel-Aviv : les choix 61
— Note 1 : la stratégie 62
— Note 2 : l'image 63
— Morceaux choisis des notes suivantes 65
— Un conseiller technique 68
— Robert Badinter, garde des Sceaux 69
— Huit ans d'Élysée 71

3. La question économique et la gauche 73

— PRÉLUDE : le débat au sein du nouveau Parti socialiste (1978-1980). Jean-Pierre Chevènement contre Michel Rocard 76
— ACTE I : La campagne présidentielle de 1981 : le choix de François Mitterrand 80
— ACTE II : Les premières mesures : l'illusion de la relance (1981-1982) 81
— ACTE III : La rigueur de Jacques Delors et Pierre Mauroy : parenthèse ou nouvelle politique ? (1982-1983) 89
— ACTE IV : Les visiteurs du soir : l'échec de Jean Riboud (1983) 94
— ACTE V : Laurent Fabius, Premier ministre (1984-1986) 102
— ACTE VI : Institution progressive d'une politique européenne et du franc fort (1986-1988 et 1988-1993) 106
— ÉPILOGUE : La campagne de Jacques Chirac aux présidentielles de 1995 contre Édouard Balladur 113

4. Russie et communisme (suite) 117

— L'union est un combat 119
— Fermeté vis-à-vis des Russes : les SS20 121
— L'affaire du gazoduc russe 125
— La lettre à Bertrand 125
— Voyage à Moscou de juin 1984 : Tchernenko 126
— Le dîner de gala : Sakharov 128
— La première rencontre avec Gorbatchev 130
— Le tête-à-tête avec Gromyko : l'IDS 131
— Gorbatchev au pouvoir 132
— La réunification allemande : la rencontre de Kiev 134
— La chute de Gorbatchev 138

5. Israël et les Arabes 143

— Première rencontre avec Shimon Pérès 145
— Ozirak 148
— Boycott arabe. La circulaire Mauroy du 17 juillet 1981 152
— Fin de la participation française au boycott 157
— Voyage en Arabie Saoudite 158
— Voyage en Israël 161
— Les difficiles négociations de paix 163
— Les pourparlers du Caire (27 décembre 1993) 163

6. La guerre du Golfe 167

— Les préparatifs 169
— L'affaire des Scud 174

7. Tentation de la « France unie » 181

— Jacques Chirac, Premier ministre : la cohabitation 183
— Émergence de l'idée 185
— Simulations des législatives 186
— Les travaux de juin 1987 188
— Le Caire, fin décembre 1987 189
— Les préparatifs de la campagne 191
— Le meeting de Rennes 192
— L'élection 193
— La dissolution : fin de la France unie 195
— Édith Cresson 196
— Pierre Bérégovoy, Premier ministre 207

8. Les processus de décision 211

— Les grandes voies de François Mitterrand .. 213
— La décision 215
— Le caractère 216
— La vision 222
— L'événement saisi 223

— L'événement créé 225
— Le pour et le contre de la décision 226
— Décision politique et jeux d'échecs 229
— L'action 231

CONCLUSION 235

ANNEXES DU CHAPITRE 2

Note de campagne n° 1 237
Note de campagne n° 3 244

ANNEXE DU CHAPITRE 3

Note du 12 avril 1984 sur l'opinion publique/gouvernement/élections de 1986 248

ANNEXE DU CHAPITRE 4

Lettre à Bertrand du 16 février 1982 258

ANNEXE DU CHAPITRE 5

« Circulaire Mauroy du 17 juillet 1981 » 264

ANNEXE DU CHAPITRE 6

Message du Président au Parlement, le 16 janvier 1991 266

ANNEXE DU CHAPITRE 7

Note du 24 juin 1987 sur l'analyse de la popularité de François Mitterrand 268

BIBLIOGRAPHIE 279

Composition réalisée
par S.C.C.M. - Paris XIIe.

Cet ouvrage a été réalisé par la
SOCIÉTÉ NOUVELLE FIRMIN-DIDOT
Mesnil-sur-l'Estrée
pour le compte des Éditions Robert Laffont
24, avenue Marceau, 75008 Paris
en janvier 1996

Imprimé en France
Dépôt légal : février 1996
N° d'édition : 36816 - N° d'impression : 33541